JIM MORRISON

OU LES PORTES DE LA PERCEPTION

DU MÊME AUTEUR

Tombeau de Jim Morrison,
L'Incertain, 1993.

Jim Morrison ou les Portes de la perception,
Le Castor Astral, 1998.

Jim Morrison et les Doors, la vie en accéléré,
coll. « Librio Musique », J'ai lu, 2001 et 2005.

Les Rolling Stones ou la Ballade des survivants,
coll. « Librio Musique », J'ai lu, 2002.

Janis Joplin,
coll. « Folio Biographies », Gallimard, 2007.

Jim Morrison,
coll. « Folio Biographies », Gallimard, 2012.

Jean-Yves Reuzeau

JIM MORRISON
OU
LES PORTES DE LA PERCEPTION

PRÉFACE DE MICHKA ASSAYAS

DESSINS DE STÉPHAN BEAUVAIS

PHOTOS DE PATRICIA DEVAUX

POÈMES DE JIM MORRISON

« Castor Music »
Le Castor Astral

JIM MORRISON
OU LES PORTES DE LA PERCEPTION
est le neuf cent dix-neuvième ouvrage
publié par Le Castor Astral

Photo de couverture :
© Chris Walter / Photofeatures / Dalle /
Jim Morrison à Londres en septembre 1968,
enregistrement de l'émission « Top of the Pops ».

L'édition originale de ce texte est parue
sous le titre *Tombeau de Jim Morrison*
(collection « Tombeau », L'Incertain, 1993).
Une seconde édition est parue sous le titre
Jim Morrison ou les Portes de la perception
(Le Castor Astral, 1998).

Correspondance :
castor.editeur@wanadoo.fr
et
Le Castor Astral – 53, rue Carnot – 33130 Bègles (F)

www.castorastral.com

ISBN 978-2-85920-919-3

Beauvais

à Yann Reuzeau,
pour son éternel quinzième anniversaire

à François Tétreau,
prince de Ridgewood

au bourbon anonyme,
pour les nuits Tropicana

à André Velter,
pour le toboggan de solitude

à Marc Torralba,
pour Québec 1974

à Jean-Luc Debattice,
pour avoir donné vie aux indomptés

à Gilles Vidal,
pour l'étincelle des mots

à Juliet Berto,
au havre des Grâces

Et pour leur complicité, merci à :
Michka Assayas, Stéphan Beauvais, Zéno Bianu, Christian Bourgois, Bernard Bretonnière, Yves Buin, Raphaël Caussimon, Pierre Côté, Patricia Devaux, Lucien Francœur, Nathalie Mège, Monique Moreau, Philippe Ollé-Laprune, Olivier Philipponnat, Marie-Ange-Picot, Philippe Poirier, Didier Rochet, Gilles Yéprémian.

PRÉFACE

Situés dans une zone singulière où se rencontrent le théâtre, la cérémonie mystique, mais aussi une certaine forme de thérapie, les Doors restent l'expression la plus vivante de la « contre-culture » des années 1960, antisociale et éprise d'absolu, cherchant la délivrance du subconscient à travers l'usage des drogues. Des générations successives ont continué à se passionner pour la figure de demi-dieu érotico-mystique de Morrison, détruit à l'âge de vingt-sept ans par ses propres excès, grâce à la force éternelle de chansons-poèmes comme « The End » ou « Riders On The Storm » qui font de lui un classique de la révolte et du désir adolescents, au même titre que Rimbaud. Les disques des Doors n'ont jamais cessé de marquer l'histoire du rock. Leur influence se fit fortement sentir – à égalité avec celle du Velvet Underground – sur les groupes de la post-new wave anglaise, comme Joy Division, Echo and The Bunnymen ou U2.

James Douglas Morrison, le poète que célèbre ici Jean-Yves Reuzeau, connaît une enfance mouvementée. Très jeune, il entre fréquemment en conflit avec son père, un officier de marine d'une grande rigidité. Jim manifeste durant ses années d'adolescence un caractère violent et instable. Très tôt, il cherche à imiter le style de vie des personnages, réels ou imaginaires, qu'il admire : Rimbaud, Nietzsche, mais aussi le poète beat Lawrence Ferlinghetti, ou son modèle Dean Moriarty, le personnage créé par Jack Kerouac pour Sur la route. Il s'enivre pour trouver l'inspiration, écrivant régulièrement poèmes et chroniques intimes. Ses goûts musicaux ne le portent guère vers le rock, auquel il préfère de loin rhythm and blues et « spirituals ».

À vingt ans, il décide de partir à l'autre bout du pays, à Los Angeles. Il s'inscrit à l'UCLA (Université de Californie), au département cinéma. Il s'y fait un ami, Dennis Jakob, qui l'entraîne vivre dans le quartier de Venice, à Santa Monica, où s'est installée une bohème d'artistes « hippie ». Celui-ci lui fait alors rencontrer Ray Manzarek. Auréolé d'un certain prestige, ce garçon âgé de près de trente ans est d'abord un musicien aguerri. Pianiste prodige du conservatoire de Chicago, il a préféré le blues, jouant dans des bases américaines au Japon. Un jour qu'ils se promènent sur la plage à Venice, Morrison lui parle des chansons qui se jouent dans sa tête, et lui récite « Moonlight Drive », un de ses poèmes qu'il « sent » mis en musique : « Nageons vers la lune / Escaladons la marée / Pénétrons le soir / Que la ville cache en dormant. » Pour Morrison, tout cela s'impose de façon impérieuse : « Mon subconscient avait tout préparé, c'est comme si on y avait pensé pour moi. J'ai entièrement senti cette situation : un concert, avec un groupe, moi qui chantais, et un public, un gros public. En écrivant ces cinq ou six chansons, je n'avais fait que prendre des notes pendant un fantastique concert de rock qui se jouait dans ma tête. » Manzarek, quant à lui, « sent » que cette association entre poésie et rock psychédélique est prophétique.

Morrison choisit alors le nom du groupe, The Doors, s'inspirant d'un essai d'Aldous Huxley, *Les Portes de la perception* (ce titre étant lui-même dérivé d'un poème de William Blake), où l'écrivain relate son expérience de la mescaline : « Si les portes de la perception s'ouvraient, écrit Blake repris par Huxley, tout apparaîtrait à l'homme dans son absolue réalité : c'est-à-dire infini. » Et plus loin : « Toutes les autres portes chimiques percées dans le mur ont pour nom drogue. » Les Doors sont engagés début 1966 au London Fog, un club sur Sunset Strip, pour y jouer chaque soir un rhythm and blues à la Booker T & The MG's, reprenant, comme tous les groupes d'acid rock de l'époque, « Gloria » et « Louie Louie », mais aussi leur titre fétiche, « Back Door Man ». Jim Morrison arrive sur scène muni de sa pharmacie personnelle (amphétamines principalement) qu'il fait partager aux autres. Un soir qu'ils jouent « Little Red Rooster », ils terminent le morceau, l'un aboyant, l'autre hululant, Morrison s'écroulant inanimé. Ils sont renvoyés, mais repêchés in extremis par le prestigieux Whisky à Go-Go. Le charisme et l'étrangeté de Morrison s'y affirment de plus en plus. Un soir, il chante « The End » en hurlant dans une rage incontrôlée qu'il veut tuer son père et sa mère. C'est plus que peuvent en supporter les patrons, qui renvoient chanteur et musiciens.

La réputation des Doors comme groupe unique en son genre est déjà bien établie. Sur le conseil d'Arthur Lee, le leader du groupe Love, Morrison et son groupe sont pris sous contrat par Jac Holzman, le directeur des disques Elektra. Le lancement de leur premier album, *The Doors*, en janvier 1967, est accompagné d'un communiqué de presse : « Sur scène, les Doors semblent évoluer dans leur propre monde. Les chansons du groupe sont comme l'espace, elles sont ancestrales. [...] Quand elle cesse, il y a une seconde de silence. Quelque chose de neuf a pénétré dans la salle. » Ce disque constitue un ensemble singulier et éclectique où, sur fond de rhythm and blues, s'élancent des phrases d'orgue aux accents jazzy ou classiques. Outre le morceau de bravoure « The End », long de treize minutes, on trouve une étonnante reprise d'« Alabama Song » de Brecht et Weill, et « Light My Fire », véritable standard à l'atmosphère liturgique, avec sa fameuse intro à la Bach. Les Doors sont les premiers à concevoir l'album comme une longue plage de musique ininterrompue et tiennent en mépris le circuit « commercial ». Sur l'insistance d'Elektra, « Light My Fire » sort pourtant en simple, amputé de trois minutes pour faciliter les passages à la radio. Le succès est immense, la chanson n° 1 pendant trois semaines à la fin juillet 1967. Toute l'Amérique découvre le chant doux et grave, étonnamment sensuel et suggestif, de Jim Morrison.

Mais c'est surtout sur scène que les Doors créent l'événement, dans tous les sens du terme. Le public se précipite à leurs concerts comme pour assister à une cérémonie. Ray Manzarek, dix ans après, dira : « Jim était comme le chaman (sorcier) dans le rituel peyotl qui fait cette danse indienne bizarre, en sautillant avec un maracca. Notre boulot consistait à créer de la musique pour cette transe, un rythme hypnotique... Après ça, le public s'en allait et personne n'applaudissait. L'effet était cathartique. » Cette thérapie sauvage est alors perçue par les autorités comme une menace pour la jeunesse américaine. Drogué, imprévisible, incontrôlable, Morrison entraîne le public dans une hypnose que beaucoup jugent effrayante. Morrison se tient illuminé dans l'embrasure de la porte, entraînant ses fidèles. La ferveur est intense. Figure satanique en cuir noir, Morrison, inspiré par la psychothérapie de groupe du Living Theatre, expulse ses démons en public, lance des imprécations, terminant en général par la récitation de son poème « Celebration of the Lizard ». Fin 1967, la police envahit la scène lors d'un concert dans le Connecticut, Morrison ayant insulté ses représentants chargés de contrôler la foule. En mai 1968, à Chicago, il demande au public de se révolter contre la police et échappe de peu à une arrestation.

Les événements s'emballent durant l'année 1968. Après l'album *Strange Days*, qui contient « People Are Strange » et le morceau de bravoure « When The Music's Over », le groupe atteint une popularité immense. Les Doors sont devenus une espèce de phénomène de foire. Morrison ne sait plus lui-même comment contrôler le mythe qu'il a créé. Il souhaite entrecouper les chansons de l'album suivant, *Waiting For The Sun*, de courts poèmes récités. Elektra refuse et, après l'étonnant « The Unknown Soldier », qui sort en 45 tours en mai 1968 (Morrison tourne un clip pour la chanson où on le voit se faire fusiller), lance « Hello I Love You », une chanson facile qui atteint le premier rang dans les *charts*. Si l'on excepte « The Unknown Soldier », *Waiting For The Sun* est un disque moins intense, plus baroque et enjolivé, où Morrison se fait volontiers crooner. De plus en plus distant de son personnage de pop star, il se laisse convaincre par son ami l'écrivain californien Michael McClure de publier un recueil de poèmes, *The New Creatures*, avec des photos prises au Mexique. Morrison veut d'abord le publier sous l'anonymat, puis accepte de mettre son nom, mais sous sa forme officielle, distincte de la pop star, de James Douglas Morrison. Mais pour l'heure, la machine continue de tourner. De plus en plus insatisfait, Morrison boit, absorbe diverses drogues et se livre à toutes sortes d'excès. Un soir de mars 1969, à Miami, rendu furieux, il invective le public et lui demande s'il veut voir ses parties intimes. Et, selon certains témoignages, durant quelques secondes, il s'exécute. Le concert se termine puis, dans l'avion, Morrison apprend qu'il est accusé de « conduite obscène et lascive en public par l'exposition des parties intimes et la simulation de masturbation et de copulation orale ». Le groupe et son manager sont abasourdis. Le scandale est immense : tous les concerts du groupe sont annulés, l'ostracisme est généralisé, les radios déprogramment leurs disques, et le FBI lui-même est sur les dents. Pour Morrison, c'est la délivrance. Durant l'été 1969, il déclare au magazine *Rolling Stone* : « J'ai essayé de réduire le mythe à l'absurdité et de le liquider de cette façon. » Le quatrième album des Doors, *The Soft Parade*, sort alors. C'est un disque étrange, éclaboussé d'arrangements de cuivres tonitruants, où Morrison, sur des morceaux comme « Touch Me » ou « Wishful Sinful », joue de plus en plus les crooners, avec une ironie qui n'est pas sans annoncer celle de Dylan sur *Self Portrait*. Pour lui, l'affaire est réglée : le « Roi Lézard » est mort, l'hystérie collective n'est plus qu'un souvenir. Il veut renaître comme James Douglas Morrison, poète américain. Accessoirement, il veut bien rechanter avec les Doors, mais en toute humilité. C'est ainsi que le groupe enregistre l'un de ses meilleurs albums, *Morrison Hotel*, un disque de pur rhythm and blues, avec le très âpre « Roadhouse Blues ». En août 1970, le groupe se produit au festival de l'île de Wight. Morrison déclare qu'on le voit pour la dernière fois sur une scène. Physiquement, sa métamorphose est étonnante : l'alcool lui a épaissi la silhouette et les traits, le regard est embrumé, une barbe lui envahit le visage. Comme pour mieux marquer la mort de l'éphèbe dionysiaque.

Drogué, alcoolique, Morrison tente désespérément de se ressaisir. Il signe un accord avec la MGM pour tourner l'adaptation d'une pièce de son ami McClure, *The Adept*. Il s'occupe de la publication de son second recueil de poèmes, *The Lords*. Le double album *Absolutely Live* sort en septembre 1970, fruit d'un concert enregistré en janvier à New York, comprenant une version étirée de « Celebration of the Lizard ». En novembre, Morrison entre pour la dernière fois en studio avec le groupe, augmenté du contrebassiste Jerry Sheff et du guitariste Marc Benno, pour enregistrer l'album *L.A. Woman*. Puis il disparaît, désireux de fuir à tout jamais son statut de pop star. Accompagné de son amie Pamela, il voyage en Espagne, en Afrique du Nord, puis en France, se fixant à Paris en mars 1971. Il ne songe plus alors qu'à écrire de la poésie. Le magnifique *L.A. Woman* sort en juin, précédé du simple « Love Her Madly », avec le crépusculaire « Riders On The Storm ». Quelques semaines plus tard, après une nuit passée dans une boîte où il aurait fait une overdose, on le retrouve inanimé dans sa baignoire. L'enquête conclut à une défaillance cardiaque. « Je ne peux pas dire que je regrette ce que j'ai connu, avait déclaré Morrison quelque temps auparavant, mais s'il avait fallu recommencer, je crois que j'aurais choisi l'itinéraire tranquille de l'artiste qui travaille dur dans son coin. »

Michka Assayas

Cimetière du Père-Lachaise, hiver 1978.

(*Photo Jean-Yves Reuzeau*)

« La vraie vie est imaginaire. »
Virginia Woolf

Je l'entends à l'étage. Son pas fait légèrement craquer le parquet. Je peux deviner le moindre de ses gestes. La douceur. L'application avec laquelle elle s'occupe de mon linge. De mes objets intimes. Sa présence est discrète. Efficace. Retenue. Je lui sais gré de son silence ouaté. De sa tempérance. Mais je sais que ce sont ses longs doigts noirs qui tireront ce carnet de sa cachette. Elle le découvrira par inadvertance. Essuiera d'un revers de main la mince pellicule de poussière qui recouvre le maroquin. Et d'un geste lent. D'une incroyable délicatesse. Elle soulèvera la couverture. Mais elle aura déjà compris. Depuis longtemps. Elle sait. Ces mots ne l'étonneront pas. Elle en effleurera le dessin de la pulpe rose de ses doigts. Elle ne lira pas tout de suite. Refermera le cahier. Le glissera entre deux livres. Là précisément où elle l'a trouvé. Restera de longs instants à en contempler le dos. Puis se lèvera. Au ralenti. Avec ce sourire triste à la commissure des lèvres. Elle reculera d'un pas ou deux. Toujours en fixant le dos du carnet. Ramènera ses deux mains devant sa bouche. Fermera les yeux. Puis sortant de sa torpeur dévalera l'escalier. Ouvrira violement la porte et se précipitera dans le jardin. Oui.

Elle aura trouvé ce qu'elle ne cherchait pas. Ce qu'elle redoutait. Elle déambulera jusqu'à la nuit dans les allées. Faisant plusieurs fois le tour de la bâtisse en rondins. Ensuite. Je ne sais pas. Mes yeux sont éteints. Le grand mustang blanc m'emporte dans les steppes du ciel. Un indien Navajo me tend la main. Un tambourin tinte dans les nuages. Je marche sur les mots. Le temps n'existe plus. Je lui lègue ce carnet. Pour qu'elle ne le lise pas. Pour qu'elle le brûle. Autodafé sacramentel au confluent de la rivière Chicoutimi et du Saguenay.

*

Ma mère est morte un soir d'octobre. Elle s'est jetée du pont d'un navire dans la mer du Nord. De nuit. Quelques lumières scintillantes bordaient son lit d'écume. Mon père était au loin. Ricanant dans quelque bacchanale. Son uniforme repose au dos d'une chaise. Peau flétrie d'un animal gommé du désir. Je suis son prédateur. Le guérillero innocent qui venge sa jeunesse. Qui châtie le grand cauchemar de son enfance. Et la mort a souri au fond des flots. Œdipus Rex danse seul au centre du théâtre antique. Une ligne de basse gronde dans la nuit et vient pour me sauver.

*

Ce matin. Nous sommes descendus en ville faire quelques achats. Le regard des badauds reflète de menus meurtres. Ils n'apprécient guère notre attelage. Cette grande femme noire poussant avec grâce une chaise roulante. Avec cet homme assis. Adipeux. Une épaisse barbe brune dévorant un visage bouffi. Et puis ces lunettes noires dans ce pays en manque de lumière. Ils nous montrent du doigt lorsque nous tournons au coin de la rue. On répond à Dinah à contrecœur. On la sert à la hâte. Le festin et le vin nouveau meurent sur la vigne. Nul ne nous a jamais rien promis. Nous remontons vers la cabane parmi le chant des rares oiseaux, Dinah sifflote un désuet « Waiting For The Sun ». Elle termine en récitant les deux derniers vers. *Voici bien la vie la plus étrange / Que j'aie jamais vécue.* Ce seront ses seuls mots de la matinée. Son art du silence est un bien précieux où je me calfeutre et survis. Elle ôte alors l'épaisse couverture jetée sur mes genoux. Que faire du long après-midi qui se dessine parmi les arbres roux ?

*

Hier soir. Nouveau vertige. J'ai lâché la bouteille. Elle a roulé sur le parquet dans un bruit vide et mat. Grotesque. Avant de s'immobiliser contre une pile de journaux jaunis. Mes yeux dévissaient le flou de la pièce à la recherche du Lapin Blanc. Il s'était réfugié dans le vaisseau de cristal – rampant dans son terrier par le goulot. Je ne sais quelle liberté je traque. Quelle phrase magique m'ouvrira les veines tièdes et battantes du petit matin. Mais c'est à l'alcool que je confie le voyage. Nous voulions le monde. Et nous le voulions sans attendre. Ce cri naïf ne valait que par son impertinence. Sa rage. Sa spontanéité. Lorsque la musique s'envole – les mots gercent la réalité au bord des lèvres. La musique maquille le masque de notre désarroi. Je restais alors dans la pénombre. Fixant ce vaisseau de cristal amarré à un ponton de mots rances et dociles. J'avais seize ans alors. Et toutes les routes menaient à la révolte.

*

La caméra est posée sur le lit. Et me regarde. Pourquoi les mots ont-ils déjoué les images ? Mes quatre courts métrages hantent toujours les campus d'Europe. Et parfois quelques festivals obscurs. *Turkey Joint West* aurait même remporté un quelconque accessit au festival de Twente. Dennis y jouait un chanteur de blues atteint d'un début de paralysie. Il s'est tué deux semaines après le tournage. Sa Volkswagen lovée contre un platane effeuillé par les pluies acides. Nous avions écrit les paroles du thème principal. Ensemble. Lors d'un week-end éthylique en Scanie. Dennis roulait comme un dingue. Scandant à tue-tête toute une panoplie de hits des sixties. J'entends aussi son rire énorme. Et je distingue sa discrète cicatrice sous l'œil gauche. Souvenir d'une rixe entre pochetrons juvéniles à la fin d'un bal. C'est lui qui insidieusement a dessiné un public derrière mon front. Et les premières vagues de notes m'ont envahi. Souvenir de migraines effroyables. Insomnie. Impossible d'écrire. Sinon quelques malheureux assemblages de vers. Des gimmicks. Premiers couplets orphelins. L'alcool retenait cette marée incertaine. Mélopées disloquées au fond des bouteilles. Dennis prétendait que seul je pouvais chanter ces phantasmes. Ces éclats sulfureux. Dennis ! Dennis ! Seul toi pénètre la nuit lorsque la ville dort. Je dois te rejoindre sur l'autoroute céleste. Avec ce bloc de métal dans la mémoire. La Volkswagen concassée au cimetière des voitures. Et ce bloc de métal miniature qui pèse et tangue comme un petit pendu devant mes yeux clos. Bien accroché à mes cils. Solidement arrimé à la mémoire.

*

Pourquoi chanter ? Mes doigts ne jouent que du stylo. Comme accompagnement. Tout juste le crissement sur le papier. Le silence. Le crissement. Mais il y a les mots. Et leur musique. Leurs sons. Plutôt. Un théâtre de signes qui dansent sur scène et s'entrechoquent. Hideuses postures. Fascination pornographique. Positions. Et soudain ma voix aussi écrit. Et crie. Stridence. J'écrivais. Et ma gorge a dérobé les syllabes à mes doigts. Un étrange animal rampe dans mon cerveau. Cheville les mots à la musique. Et c'est une chanson. Les tempes cognent. C'est un concert du sang. J'ai commencé à consigner ces rages. L'orage fallacieux de la jeunesse qui attend la nuit. Pour nager jusqu'à la lune. Je me réveille en sueur. Les draps humides et glacés. Puis le téléphone sonne. Le studio est libre cette nuit. S'habiller à la hâte. Quelques longues gorgées de whisky. Et le flou des lumières dans la ville. Un taxi. Sa radio qui grésille un hit des Byrds. Avachi contre la portière. Déchiffrer ce carnet. Mémoriser quelques strophes. À la hâte. Et improviser. Là où la ville dort pour se cacher. Je pousse la porte 7. Ils sont déjà là. Testant les instruments. Le volume. La balance. À peine quelques mots. Et ma voix happe ma substance hors du corps. Juste quelques lumières rouges dans la pénombre. Quelqu'un hurle en moi. Un ennemi intime qui viole mon carnet. Je m'attache aux aigus du clavier. À la ligne de basse. William Blake griffonne à la hâte contre mes paupières closes. Il est des choses que l'on connaît et d'autres que l'on ignore. Entre les deux. Les portes. La nuit nous dévore. Les bandes tournent. Les mots rauques s'enfilent sur la basse qui bat au rythme du cœur. Sunset Boulevard. Pourquoi me regardent-ils ainsi ? Le studio se referme derrière nous. Quelques billets au gardien pour l'oubli. L'un de nous a glissé le master sous son T-shirt. Je caresse son étrange bébé de métal. De mescal. *The Doors of Perception.* Tu dois. Lire Aldous Huxley. Tu dois lire. Tu dois. Lire.

*

C'est comme une profonde fatigue. Une lassitude. Je parle seul. Les yeux mi-clos. Des flashes dans la nuit. Quel est l'enjeu ? Dans ce pays. Particulièrement. Il faut être politicien ou assassin pour devenir célèbre. Une superstar. Nous avons le choix. Mais il ne faut pas tricher. Aller jusqu'au bout. Personne. De toute façon. N'en sortira vivant. Ça vous dirait huit disques d'or consécutifs ? Bande de nazes ! Mais il faut jouer le jeu à fond. Le jeu. À fond. Les frontières du réel au bord des paupières. Oui. Les yeux se ferment. Dois-je regarder à l'intérieur. Ou à l'extérieur ? De quel côté se trouve la scène ? Je les entends marteler le sol. Battre du pied. J'embrasse cette fille. En coulisse. Caresse ses seins sous le coton. Et les tempes battent. Cette langue qui fouaille dans ma bouche. Suce mes mots. Heurte mes dents. Ils veulent le secret. Pénétrer au fond de la forge. Battre les nerfs des mots. Je ne les laisserai pas faire. Seules les limites comptent. Et cette pulsion. L'instant du débordement. Nous ne maîtrisons rien. La musique était là avant nous. Et les mots. Nous n'y sommes pour rien. Mon cri perce le micro. Fend le mur du son. La perception du temps. Qui de l'autre côté ? Je ne sais à qui je parle. J'espère ramper à l'intérieur du fil. Me fondre dans l'électricité. Les cheveux raidis comme du métal. Ce voyage est une vision. Mes doigts glissent sur le fil. Une frontière. Toujours. Est à découvrir. Car il faut franchir. Le mur. Un mur d'amplis. Piquetés de points rouges dans la pénombre. Ces balises me guident dans la nuit. M'évitent de m'empaler aux récifs. Fragile vaisseau de cristal. Je m'accroche au micro comme au mât d'un navire en perdition. Tempête nocturne. Et cette foule comme une houle. Je la sens. Mes yeux se ferment. Mais je sens sa présence. Un magma bien vivant auquel je m'accroche. Et un fluide nous retient. Tout cela est très physique. La sueur plaque les cheveux sur la peau. Chaleur suffocante. Insupportable. Quelqu'un tente de s'immiscer dans mon cerveau. Par la porte du fond. Il se cache derrière les globes oculaires. Titille les nerfs optiques. Me susurre. *Tu es le chaman.* Celui qui ne sait pas. Et pourtant pointe le doigt. Indique la direction. Esprits en lutte. Les gens sont bizarres. Bigarrés. Foule électrique et dénudée. Perverse. Qui s'accroche à mes visions. À cette rage qui m'habite. Et me gouverne. Ce n'est pas pour rire. C'est un acte. Silence dans l'amphithéâtre. Tragédie. Une lumière crue me dévore. Gobe mon âme. Improviser.

Quelqu'un se glisse en moi. Frère polymorphe qui me hante. Voici l'instant où lâcher prise. Et c'est excitant. Soudain. Montée mélancolique et tendue. Le corps se cabre. Serpent à sonnette sous la morsure des néons. Projecteurs. Mille aiguillons percent les yeux. Étrange contrée. Il me semble reconnaître les décors. Les apparences. Oui. Cela ressemble au réel. À mon spectre déambulant parmi les ombres. Cela ressemble. Vérité amovible. Plus la moindre certitude. Ils jouent. Basse. Batterie. Guitare. Clavier. Jouent. Et je dois appliquer une main contre l'oreille. Une pour la musique du dedans. Une pour celle du dehors. Laquelle est la bouée ? La corde de rappel ? Je sens qu'il faut se précipiter d'un côté ou de l'autre. Mais qui va choisir ? Alors que je titube. Tangue. Hésite. Vacille. Ils ne se doutent de rien. Ce jeu est dangereux. Attitudes. *Tropicana. Tropicana.* Ils viennent me chercher. Parlementent de longues minutes. Des heures. De l'autre côté de la porte. Mes amis sont mes ennemis. Si je leur ouvre. C'est la fin. Je suis leur pâture. Leur semence. Et pourtant je n'ai pas peur. Seules les limites comptent. *Tropicana. Tropicana.* État second. Cadavres translucides au centre de la chambre. Ils tambourinent à la porte. Répètent mon prénom avec insistance. Mais cet étranger m'indiffère. Quelqu'un d'autre doit rôder. Se cacher quelque part. Dans cette chambre de motel. Pourtant les voici qui entrent. Comment ont-ils pénétré ? Ils me traquent jusque sous le lit. Me tirent par les bras. Les jambes. Mais je suis à l'abri sous ce lit. Bunker entre moquette et sommier. Laissez-moi ! Laissez-moi ! Ou enterrez-moi vivant. Rejoignez-moi ou tuez-moi. Déjà la mémoire ne fonctionne plus. Ils me regardent comme un animal curieux. Utile. Vivre est une douleur alors. Tout cela ne pourra durer. Alors je cède. Le compte à rebours se déclenche. Un tic-tac sourd et lancinant me perfore les tympans. Main droite contre l'oreille. Son suraigu qui rue. Me transperce de part en part. Je chevauche l'orage. La tempête. D'étranges rimes hennissent derrière mon front. Cavalcade. L'alcool brise le coral. Et soudain je chevauche l'orage. Apocalypse. L'idée de *fin* m'obsède. Pales d'hélicoptères qui se rapprochent. Je ne peux les distinguer. Mais elles frôlent ma gorge brûlante. Morsure de l'alcool. Napalm intérieur. Un moteur au ralenti gronde au fond du corps. Veines. Veinules. Capillaires. C'est la fin. LA FIN. Silhouettes dans le brouillard. Je reconnais. Je distingue un visage connu. On me tire par les jambes. Les bras. Je sais que j'irai. Destin antique. Au centre de l'arène. Tout est possible. Mais nul ne dirige. Ils m'écartèlent. Les pales du ventilateur tournoient au plafond de cette chambre. Leur musique au ralenti. L'alcool accélère puis ralentit les sensations. Accélère. Ralentit les sensations. Pur grain. Le rock n'est qu'un média. Un prétexte. Un véhicule pour les mots. Les visions. Ceci n'est pas un concert. Mais une lecture de poésie. Mots qui vont fuir. Japper dans la nuit. L'essentiel nous ennuie. Nous terrifie. Le verbe dégouline comme du sang entre nos doigts. Terreur. La beauté nous menace. Un hymne à la joie de vivre dans cet océan de haine et d'incompréhension. Quelque chose de pur. Mentir. Mentir. Telle est la carapace. La vie se dérobe. Il faut résister. Pénétrer la nuit. Stromboscope. Guitare tétant la pénombre. La pointe des seins durcie par le désir. Première nuit. Abandon. Myriades de prémices. Ils me tiennent par les bras. Les jambes. Elle me tient par la queue. Mon corps est une amarre par tous les navires rompue. Ça commence par la timidité. Cela s'achève dans la violence. Au fond du sexe. Plus loin. Plus profond. La lune au fond de la gorge. Charisme. Tout est possible. Ils m'ont jeté sur scène. Pantalon de cuir moulant. Double peau. Frisson grandiose. La colonne vertébrale répond aux flammèches du désir. Ils m'ont jeté sur scène. Et mon corps écrit entre ombre et lumière. Il dépasse les mots. Les sons. Il s'inscrit dans le regard. La mémoire. Théâtre. Gestuelle rock. Foudroyé. Plaqué contre la scène. Convulsion. Le monde tangue. Chavire. Tangue. Et me renverse encore. LA FIN. Leurs voix se fracassent contre mes tempes. Galets impétueux qui crissent et me hissent. Me tirent. Comment ? Me voici encore debout. Tournoyant. Tournoyant. Danse avec les morts. Ma jeunesse est un don aux corps croupissants. Rire sardonique. Tournoyant. Tournoyant. Ivresse. Les gens sont étranges. Libellules attirées par la lumière. Jacassant au bord du désir. Mais ils résistent. Ne se grillent jamais les ailes. Chacun est un clandestin. L'ombre de soi-même. Tournoyant. Tournoyant. Je me réveille. Sursaut. Corps en sueur. Dinah se tient debout. Immobile. Au pied du lit. Elle doit me regarder m'agiter dans mon sommeil depuis de longs moments. Une terreur noyée de tendresse au fond des yeux. Quand la nuit ? Quand le jour ? Elle s'approche. Un linge humide apaise mon front. Absorbe cette sueur tenace qui suinte dans mon sommeil. Et pourtant je suis innocent. Je ne sais si je l'aime. Mais c'est une sainte. Elle se penche.

Sans un mot. Et m'apaise. Me berce un instant. Et sa bouche s'ouvre. Lèche mon corps. Descend au-delà du ventre. Au bord du précipice. Nul échappatoire jusqu'où aller. Et céder. La musique ne peut que refléter ce qui se passe autour de nous.

*

Je suis au fond du vestibule. Faux contact. Une lampe clignote. Il faut franchir ce couloir. Mais les jambes sont à des années-lumière. Un robot détraqué adresse ses ordres avec parcimonie. Je dois avancer vers cette porte. Si loin. Là-bas. Je psalmodie la phrase magique. Incantatoire. À force de la susurrer. De la répéter. Elle pénètre le cerveau. Mantra. Comme cette nuit d'août. Moite. Chaleur accablante. Effondré sur la banquette arrière de cette voiture de location. L'alcool bourdonne. Bourbon. Je suis au centre du cercle. Cible. La ville se referme sur moi. Dans son anneau de mort. Film sans fin. Où les acteurs perforent l'écran. Montent sur scène. Artifices. On n'y peut rien. Chaque chose parade en elle-même. Mais cache en son sein le changement traqué. Les voitures découpent la nuit. Leurs phares pénètrent mon sommeil. Traquent le mystère. Mes ongles griffent la banquette de moleskine. Un instant. Je les imagine trouver mon corps à l'aube. Recroquevillé contre la portière de cette vieille Buick déglinguée. Parade au ralenti où les masques hideux défilent. Me narguent. Ils m'agrippent dans mon demi-sommeil. Kurt Weill. Rengaine de cabaret. Un tango pour *Viva la muerte*. Toute notre vie nous suons et accumulons. Entassons. Dans la peur du lendemain. Tapissant notre tombe de fantasmes. Et nous cherchons avec rage. L'issue. Le ronflement des moteurs. Et la silhouette des femmes de L.A. Laquelle me délivrera ? Un cobra à ma gauche. Léopard à ma droite. Qui me lèchent les doigts. Langue râpeuse. Me griffent le dos. Labourent les muscles. Et je m'enfuis. Éperdu. Dans cette fête foraine. Freaks en déroute. Monstres et saltimbanques. Ils jonglent avec mes désirs. Les dés du destin roulent sur l'asphalte. Les voitures s'aplatissent. Glissent en rampant sur la chaussée. Leurs yeux jaunes défiant les lampadaires blafards. Elle est longue cette nuit de moleskine. Je titube. Me heurte au décor. Trébuche dans des bosquets de néons. *Caress me baby.* Je sens soudain que la froideur d'une femme peut suffire à me tuer. Lentement. Dans ma chambre envahie progressivement par la pénombre. Femme de L.A. La nuit je glisse dans son corps. Cité nocturne où d'autres vaisseaux viennent cogner leur mufle humide aux vitres. Avant de s'évanouir. Gnomes hybrides dans les franges de la ville fourmilière. Trouver refuge dans quelque rade minable diffusant « L'America ». Acid rock. Un écran télé nous raccroche à quelque réel ludique. Los Angeles Dodgers. Le rêve peut continuer. Dans l'insouciance et le désespoir. Velvet Underground. MC5. Seeds. Stooges. Vérité insidieuse. Été 1968. L'image se fige dans les rues. Puis tremblement. Lent. Chacun se met à danser au ralenti au milieu de la chaussée. Tissus bigarrés. Couleurs électriques. Tout cela pourra paraître incroyablement romantique. Cette époque est un banquet. Festin entre amis dans un univers clos auquel il convient d'échapper. Alors il faut inventer ce petit jeu. Vous savez. Vous connaissez. Oui. Ce petit jeu qui consiste à se retourner en rampant dans son cerveau. Jeu enfantin. Vous fermez simplement les yeux et oubliez jusqu'à votre propre nom. Certains appellent cela « devenir fou ». Oui. Vous connaissez. Bien sûr. Oubliez le monde. Les gens. La vie. Bâtissez une cathédrale dans votre rétine. Les yeux clos. Improviser avec la douleur d'être au monde. La simple douleur de caracoler sur la crête d'un océan de rage. Jours étranges. Ils dansent autour de moi. Jonglent avec les jours qui défilent. L'enfance muette dans les jardins du désir. À réciter les poètes symbolistes. Au cœur de la nuit. Chaleur moite. Les vêtements collés à la peau. *À moi. L'histoire d'une de mes folies.* Saltimbanques. Enluminures. *Jongleurs savants que le serpent caresse.* Je suis toujours au bout du vestibule. Sueur et sang. Et ces visions m'assaillent. Décision. Nous devons quitter Chicoutimi. Cette maison en rondins. Et ces virées incertaines aux alentours. Centre d'interprétation de la Métabetchouane. Musée amérindien Mashteuiatsh. Dinah ! Dinah ! Il nous faut déguerpir. Une peur enfantine m'envahit. Me hante jour et nuit. Je suis un homme de mots. Et d'images. Dinah ! Sainte Dinah ! Tes lectures des poèmes de William Blake et Khalil Gibran. La musique pénètre les vers. Serpents. Qui glissent et bruissent sur les feuilles de papier. Les disques côtoient les livres. Un concert dans ma tête. Ma main se tend vers le micro. Et j'improvise. Dinah. J'improvise. Nouvelles créatures. Je reçois ce recueil de poèmes par la poste. En caresse la couverture. En hume l'encre fraîche. Et je pleure. C'est bien la première fois que je ne me fais pas baiser ! Le recueil est posé sur la table. Près de la bouteille renversée. Et c'est une lettre à tous mes amis les plus proches. À ces femmes aimées. Désirées. Trahies. Elle seule. Gardienne du temple. Ne me trahira jamais. Elle sait ce qui compte. « The Pony Express ». Depuis toujours. Je voulais écrire. La voix n'est qu'un stylo déformé. La pellicule un poème déployé en mouvement. Et pourtant chaque nuit je suis tenté de brûler ce carnet. Car il faut mourir jeune. Penthotal. Soir après soir. Douleur hypnotique. Célébration du lézard. Le nom de François Villon. Le don d'André Breton. Et le bateau fou d'Arthur qui m'accueille à bord. M'écartèle. Les sens en alerte. Périple au centre même de la nuit. Par la grand-route. Minuit éclatant. Certains sont nés pour le noir. Miscellanées. Je lui offre un serpent pour son anniversaire. Danse inca. *C'est un après-midi paisible de juillet et on découvre la vue à l'ouest. Une demi-heure après le crépuscule.* Film noir et blanc. Sans titre. 16 mm. Et je chante. Ivre mort. Je bois un verre de chaque apéritif du chariot roulant. Me voici serpent-oiseau. Quetzalcóatl multicolore. Le ciel m'appartient. Je tangue au bord du grand canyon. Elle me retient de justesse avant l'envol royal. Qu'il eût été majestueux cet envol ! Dinah. Un poète fin saoul invectivant l'Univers ! Dinah. Please. Mots tressés. Tissés. Traqués au fond de la gorge. Visions. Des arcs-en-ciel dans la mémoire. Jets de couleurs dans l'ozone. Lit douillet. Immaculé. Une bouteille vide entre les cuisses. Nuit étoilée.

*

Le docteur est formel. Je peux marcher. C'est le cerveau l'infirme. Schizophrénie aggravée. Dédoublement de la personnalité. Je peux marcher bien sûr. Dinah se tait. Ne dira rien. Elle fixe son regard sur la chaise roulante repliée dans un angle de la pièce. Ma vie est un collage. Une improvisation de morsures sonores. Un film sur le film. Les spectateurs sont de tranquilles vampires. *I Vitelloni. Le Guépard. Le Mépris.* Le cinéma confère une sorte de fausse éternité. Les lumières s'éteignent et je saute hors du temps dans un magma de celluloïd. Voyeurisme. Je caresse le vernis des portes. Le mystère se blottit de l'autre côté. Réalité travestie. Enfants de la télévision. Morts sans même être nés. Violence des caresses. Qu'avons-nous à espérer de la nature humaine ? Zoo de bipèdes sanguinolents. Ciels de jaguar. Chez Michael McClure les serpents ont l'accent suédois. Toujours la présence de William Blake. Je me protège du monde derrière ma barbe. Derrière ces lunettes sombres. Ma fourrure. Ma forêt de visage. Des mutants peuplent mes rêves. Leurs clés tordues tentent de forcer les portes de la perception. Mais je reste un être vivant. Un mammifère guettant le miracle. Musique en pulsion. Oui. Je peux marcher. Battre du pied. Tanguer. M'accrocher aux volutes de l'orgue. Point limite. La foule gronde tout en bas de l'Olympe. Je suis un dieu pour 120 minutes et trois rappels. Un cordon de flics nous protège de nous-mêmes. De notre viande. De nos mots. De cette énergie qui nous consume. Langage animal. Le poète feule sur les ondes. Un continent plus loin la vie d'un adolescent en dépend. Transistor nasillard. Il reprend. Seul dans sa chambre. Dans un murmure. Les mots qui rythment le désir et la révolte. *La poésie est un principe musculaire.* Retrouver le primitif. La voix. Le rituel. *Ma religion est mon art comme réflexion de la vie.* La scène vibre sous mes pas de danse. Transe. Champignons magiques. Cactus peyotl. Rocker précolombien dans les franges mentales de la tribu. « Shaman Blues ». La cérémonie peut commencer. Antonin Artaud monte sur scène. Litanie rauque. Il se déhanche dans un chapelet d'injures. Invectives. Et il s'écroule. Frontières dressées pour être franchies. Dépassées. Aller trop loin. Juste pour voir. Curiosité. Équilibre rompu. Ils peuvent m'arrêter. New Haven 1967. Miami 1969. Monter sur scène pour défier la simple présence des flics. Sport mental. Et bientôt physique. Défi. Les deux mains caressent la hampe du micro. Pas dormi depuis trente-six heures. Et la foule jetée en pâture. Je chante contre mon père. Tradition et discipline. Mépris. Rubrique « famille ». Le stylo hésite. Mention « décédé ». Cimetière d'enfance. Pierre tombale sur mes souvenirs. Ma fragilité d'animal traqué. Mon père me poursuit dans les étroites allées du jardin. Je suis blotti contre le béton brûlant. Lézard. Caméléon de frayeur. Non. L'oubli est impossible. Ses pas sur le gravier. Petit cœur en furie. La panique à neuf ans. Aucun souvenir du moindre baiser. De la moindre étreinte. Est-ce possible ? Déserteur de la tendresse. La haine dessine les cases du jeu de l'oie. Jeu sans limite pour la vie. Je me blottis. Me calfeutre derrière les portes de l'enfance. Refuge. Malheur à qui cherchera à m'en déloger. Je resterai fidèle au petit animal traqué. À l'enfant de mon enfance. La rage est là. Paranoïa raisonnable. LSD. Et les effluves magiques pour dessiner un autre jardin. Jusqu'à cet exercice en équilibre. La nuit. À la crête d'un mur. Les tempes battent. Chuter. Ange malingre aux ailes rognées. Se délivrer de soi-même dans la douleur et le silence. Chaque gorgée est un choix. Racle la gorge. Décape les mots. Frontières. Paliers. Un étage supérieur. *Toute la différence entre le suicide et la capitulation lente.* Mais quand tu montes sur scène. Soudain. Le monde t'appartient. Les blessures peuvent quitter la gorge dans le rythme. Tellement seul face à eux tous. Nul ne peut porter le fardeau à votre place ! Vous me jetez pourtant sur scène. Et le sang. La mémoire. Répondent. *C'est comme la corde d'un arc qu'on aurait tendue vingt-deux ans durant et qu'on lâcherait d'un coup.* Chaos. Déchirure. Spectacle. L'ordre public est menacé. *Nous sommes des politiciens érotiques.* La puissance individuelle nous révulse. « Gloria ». Nous barbotons du sang jusqu'aux chevilles. Écrans boueux de la télévision. Spectre du Vietnam. Je craque une allumette dans la pénombre du studio et la déplace à la hauteur de la braguette. « Light My Fire ». La nuit chavire. Gestes lascifs. Les doigts glissent sur le cuir. La peau. Ma queue vous intéresse ? Je vous écris à l'encre de sperme. FBI. Pénitencier de Raiford. L'ai-je montrée ? Simulation. Le geste est plus démonstratif que l'objet. C'est la guitare que je lèche. Le spectre de la foule. Tout peut arriver. Tout. Qui veut me toucher ? Qui veut la voir ? Montez sur scène ! Venez reluquer de plus près. Amusons-nous. Les décibels montent. Le groupe n'a cessé de jouer. De plus en plus fort. Diversion. Nul ne peut jurer avoir vu le serpent. Et je titube au bord du gouffre. Roi du rock orgasmique. Mais aucune photo du délit. Aucune. Messieurs les jurés.

Délire collectif. Hallucination. Nixon et la décence. Émeutes. Ils montent sur scène pour capturer le reptile. Âge vingt-quatre ans. Une prestation immorale. Le napalm asiatique quant à lui purifie. Le sexe pollue les fragiles têtes blondes. La libido du pays. Votre violence n'est pas la nôtre. Gaz lacrymogène dans les coulisses pour quelques caresses. S'embrasser sous la douche est un méfait. Une menace pour l'ordre établi. Et six officiers me tirent hors de scène. M'entraînent. Les mots giflent la conscience. Et il faudra s'exiler. Mourir au ralenti. Pour tuer le ridicule. Le voyez-vous le serpent qui sourit entre mes doigts ? Le voyez-vous ? *J'amène le chaos en paroles. Ils amènent l'ordre en musique.* Un piano électrique pour pallier l'absence de guitare basse. Amorce de secret. Ô touche-moi ! Touche-moi ! Gibson SG Special. Cordes mortes. *Mais j'aime avoir un son « mort ».* Frissonnant sous une veste en peau de serpent. Sans même toucher le sol. Seul dans le studio. La voix hallucinée. *Je suis le roi lézard. Je peux tout.* Douze mesures. C'est le blues. Vers le whisky-bar le plus proche. La basse de Doug Lubahn. Oui. Je peux marcher. Laisser ce cercueil à deux roues. Caravane espagnole au clavecin. Oui. Je peux marcher. Chanter à tue-tête dans la salle de bains. Je peux. Te faire l'amour debout contre la mosaïque bleue et mauve. Rythme lourd. Sueur. Condensation. Souffle court. Ahanements dans la buée. Un transistor déglingué suintant un air amorti de Leon Russell. Je vais vous parler des nuits sans espoir. De la jeunesse au cœur d'acier trempé. D'enregistrements inédits auprès de Jimi Hendrix et de Johnny Winter. Oui. Je peux marcher. Elle seule feint l'ignorance. Paris. Paris. Chicoutimi. Livres jonchant le sol. Les doigts font glisser la capsule. Cognac au goulot. Cri aigu. Voix imitant l'harmonica. Vingt-sept ans. Trop vieux pour un chanteur de rock. Paris. Paris. Je peux ramper sur le sol. Me relever. Marcher. Je sors de la cabane. Titube sous le ciel étoilé. Les bras en croix. Je peux. Marcher. *Dinah House.* Chicoutimi. Je tombe à genoux dans la mousse humide de la nuit rousse. Ces larmes sont une arme. Et des étoiles scintillent sous la voûte céleste.

*

Le froid me gagne. Nous quitterons Chicoutimi d'ici deux jours. Dinah s'empresse. Plie le linge. S'affaire d'une pièce à l'autre. La cabane s'enflamme et brûle déjà dans la mémoire. Là où nous faillîmes sombrer. *Ici. Je relâchai le serpent. Ses sens se réveillèrent après un long confinement.* Un mystère plane dans mes gestes. Lenny Bruce. Ombres et lumières. Un geste. Une attitude. Quelques phrases amères suffisent à bousculer une vie. Une visite d'adieu dans un sourire tendre. La jeunesse est sans appel. La réalité ne transige pas avec les rêves. Seul le temps arrondit les angles. Semble émousser la rage. La curiosité. Images tremblées du film d'enfance. Nouveau-Mexique. Je les pousse au crime. Le jeu de la mort. C'était juste un jeu. Un jeu. La camionnette est renversée. Les indiens Pueblo baignent dans leur sang. Ils souffrent. Certains sont morts. Un jour. Tôt ou tard. La mort glisse sa carte de visite dans le regard des enfants. De jour. De nuit. Détresse. Image fugace. C'est donc ça. Jeter les jouets de la vie. J'appris donc très jeune à ne plus pleurer. Et pourtant je continuais de pleurer. À harceler. Titiller mon frère. Pour étudier la nature humaine. Ses limites. La frêle nature humaine. Expériences probantes. Comment résister ? La nuit me garde en alerte. Ils feignent de ne pas me comprendre. Donner si prématurément des somnifères à un si jeune enfant. Les livres sont un refuge. Sous la couverture. Lampe sous les draps. Ils me parlent en catimini. Je leur réponds sans méfiance. À voix basse et feutrée. Intérieure. Les livres sont mes parents de cœur qui me bercent et me guident à tâtons. Sang noir. Sang blanc. Je dessine des gargouilles dans les marges. Découpe les images dans les magazines. 1957. *Sur la route.* Septembre. Ferlinghetti. Le nom même est un poème. Un orage doux et cliquetant de voyelles. Accoudé au Potomac. Telle est ma vie qui court. Fluide. Et qui glisse dans le regard. Et disparaît. Profond silence. Et j'ai dû pleurer la nuit durant. Larmes de rage. De révolte. Je ne connais pas l'ennemi sans visage. Ni l'adversaire sans ombre. Mais tout jeune tu peux deviner. Sentir confusément qu'une lutte sournoise s'engage. Dans une guerre lointaine. Frontières abolies. Cicatrices de l'adolescence. Un adulte inconnu cogne aux parois du corps. Apollon meurtri. Dionysos bleui. Les poings martèlent la cage thoracique. De l'intérieur. Tendent les cordes vocales. Nul repos. Sans amour. Vodka héroïque soutenant les brancards de l'aube. Entre jeunesse et éternité. *Alors nous irons rouler fin saouls sur les boulevards.* Titubant dans nos rêves. Poitrine nue. Hurlant à tue-tête nos vers favoris sous la lune. La pluie lèche. Calme nos plaies. Lustre le piano mélancolique de nos désirs. *J'échouerai par manque d'amour.* Litanie. Trop las pour vivre sous les néons crus cruels d'une chambre froide. *Amérique, je t'ai tant donné et maintenant je ne suis rien.* Soldat inconnu. Amnésique. Égaré dans des traités de démonologie. Pages de journal. Fragments brûlés sur la plage. Rendez-vous au bal masqué des informations. Lumière noire. Myriades de pointillés. Relais nerveux de l'acide. *Le bleu. Le bleu.* Livre introuvable. Il faut s'habituer à cette fièvre de mots. Accepter la maladie des miroirs qui nous jettent notre propre image en pleine face. Voyants torturés. Peur panique de l'eau. La baignoire est un océan sans fond. Pieuvres. Monstres marins qui me tirent vers le bas. Abysses où s'endormir dans la dépossession. Dinah me guette sur la berge. S'agrippe à l'émail. À mes épaules. Des Noirs miaulent le blues sous l'eau. Les cymbales heurtent les tempes. Jazz. Spirituals. La tête jaillit hors de l'eau. Yeux exorbités. Demain je serai parti pour de bon. Demain toujours.

*

Demain je jongle avec la mort. Cette nuit le corps de Dinah rend la chambre fluorescente. Elle est experte à apprivoiser le serpent. *Capricorn Moon. Capricorn Rising.* Souffle coupé. Salive. Sucre amer de sa langue. Elle lèche. Lappe avec application les *pornographic delicatessen*. Ses dents déposent des décalques rouges en pointillés sur la peau. Tatouage western de sa bouche tiède. Humide. Et qui glisse. Elle possède le sens du rythme dans les pigments de sa peau. Syncope salée dans l'imprenable beauté. Sexe oral. J'aime lui masser la nuque alors.

Osselets. Vertèbres cervicales sous le fluide du majeur. *Le clitoris de la fée des étoiles saigne entre mes dents.* Entre mes jambes. Un blues ouaté. Saccadé. Injecté. Venin blanchâtre. Gelée royale entre les lèvres de la reine. Les doigts rampent sur la hampe. Sur l'épiderme. Baume génital. Lieu-dit du Trou-de-la-fée. On se serre. Corps à corps. Hurlant chacun dans la bouche de l'autre. Paroxysme. Petite mort électrique. Ventres siamois dans la fièvre des anges. Son corps violent fragile sanctifie les draps. Les étoffes. Les parures de nuit. Le zen matinal des mutants en sueur. Spasmes reptiliens. Le serpent mauve. Turgescent. Danse dans le poème. *Appel des terres sauvages. Appel de la fièvre. Rêves de foutre d'un roi aztèque.* Le bus bleu fend la nuit et nous emmène vers Montréal. Dinah. Bien sûr. S'occupe de tout. Intendance. Je reste l'infirme. L'assisté au sang-froid. Greyhound. J'aime ces bus monstres fendant la nuit. *Macadam cow-boy.* J'aime ces bus. Bolides insectes gobant les voitures borgnes sur les autoroutes. Bus bleu dans la reptation nocturne. La main de Dinah. Fauteuils 17-18. Tente de réanimer le lézard. Rend hommage au soleil noir. Ensuite Chicoutimi s'estompe. Les rives du Saguenay. Juste à la naissance du fjord glacé. Une ville qui bat au rythme des marées. Pulperie. Pâte mécanique. Bois et papier. Mots indiens signifiant « Limite de l'eau profonde ». Tourtière. Fève au lard. Ragoût de pattes. Tarte au vinaigre. J'ai choisi cette retraite comme on cuve la douleur d'être né au monde. Musée amérindien. Musée de la motoneige. Passe migratoire. Je dois désormais retrouver ce traducteur. Qui réside rue Ridgewood. Là-haut. Rue inimaginable. Vertige. Cul-de-sac. Qui serpente à la périphérie de Montréal. Les taxis par temps de neige vous laissent à la pointe de la queue du lézard de bitume. Et vous escaladez ses écailles. Les pieds dans la slotche. Les yeux dans les cristaux. Cette ascension sans fin est la version hivernale et humide du *Faux-Mouvement* de Wim Wenders. Une lueur luit tout là-haut. Nos hôtes nous feront décongeler une heure durant près des radiateurs brûlants. Appartement surchauffé. Nous guettons cette parole qui trône au sommet. Nous aurions besoin d'un guide entre les courbes qui mènent vers le venin. *Et les formes qui cherchent le cristal.* Je laisserai alors encore pousser mes cheveux. Tim Buckley. *Lorca ! Lorca ! Greetings from L.A.* Nous ne voulions plus vivre ici une minute de plus. Le bus bleu pourfend la distance. Quelle est cette sorte de réalité entre deux villes ? Adolescent. Je les avais menacés de ramener une « négresse » à la maison. Nuage noir sur leurs peaux laiteuses. Racisme. Terre crème de la démence brune. Famille. Un chèque m'attendait contre une simple lettre mensuelle. Dollars menstruels. Mais une foule me rattrape. Frappe contre les vitres du bus. Il faut soigner ce corps hydre multiple. Je titube au bord de la scène. Je sais regarder une foule. Avec précision. Cyclope lubrique ludique derrière le micro. La vitre du bus est si froide. Buée. Je dessine des lettres. Hiéroglyphes. Reptile. Un animal aux aguets. Dinah se tait. Inquiète. Et bascule dans le sommeil. Bascule. Et la ville soudain jaillit dans ses lumières.

*

Je le vois fouiller dans ses papiers. *Shhhhhhhhhhh.* Profond silence. Vous devez lire ça ! Un poème intitulé « Cutty Sark ». J'hallucine ! Verres livides. Les néons du bar ? Les lucioles du soir ? Il fouille. Ses mains osseuses battent la mesure. Le gin tonifié pétille. Je ne veux pas savoir l'heure. *Connais-tu le Popocatépetl – un trou sans oiseau avec de la cendre tout autour ?* Dinah transie s'est assoupie sur le canapé. Le traducteur me tend des feuilles. Des enveloppes. Fébrile. Lisez ! *Le serpent dans les branchages avec l'aigle.* Traversée de livres. Iguanes garamond dansant sur les pages. Papier vergé. Danse rituelle. Il me parle avec fièvre de Walt Whitman. Emily Dickinson. Hart Crane. Frontières éthyliques. Balisées de codex. Cet homme me parle de Mexico. De Paris. De la Nef des fous. De l'enfer de Jérôme Bosch peignant sur la toile sinusoïdale des intestins du démon. Mais je suis venu pour le livre à couverture orange. L'incunable rock. Il le sait. « Dry Water ». Son sourire me plaît. Il fouille encore. Fait semblant. *Shhhhhhhhhhhh.* Voilà ! C'est le dernier exemplaire. Le chaînon manquant. Je vous l'offre ! Dinah ne voit rien de cet instant magique. N'entend rien. Cette fois. Elle dort. Profondément. J.D.M. Encart calligraphié. Lettres bleu nuit. Exemplaire n° 31. Baskerville corps 12. Sur papier Orphée IV. Imprimé à Montréal. État du Québec. Le tout constituant l'édition originale. *Shhhhhhhhh.* Le léger bruissement des herbes. La voix arrive de très loin. À l'intérieur. Le cimetière. La pierre tombale. Graffitis. Runes dans les ruines du corps. *Shhhhhhhhhhhh.* Les yeux rampent. Voilà un bon endroit où se saouler. Bière mexicaine. État des choses. Nous parlons technique. Caméra. Éclairage.

Son. Montage. Juliet Berto. Philippe Léotard. Il est projectionniste au cinéma Outremont. *Shhhhhhhhhhhh.* Jeux d'ombres avec les doigts. Ménagerie sauvage devant l'écran illuminé. Je lui parle de mes courts métrages. Lui tend une cassette de Rick & The Ravens. La musique du générique. Hotel Cherokee. Dinah toujours assoupie sur le divan. Nous. Allongés à même le sol. La basse ronfle. Yeux fixés au plafond. Voix féroce. *Shhhhhhhhh.* Sous l'alcool. La fatigue. La fumée. Les yeux battent des cils. Lumière découpée. Le connu. L'inconnu. Entre les deux. Les portes. Le rythme s'accélère. Cet appartement au sommet de la ville. Qui tournoie. Et j'entends ce concert dans ma tête. Toujours. Depuis l'enfance. La musique d'abord. Puis les images. Collages. Et les mots comme des guirlandes dans les marges de *la vraie vie*. Comme un chien mendie une sucrerie. Les mots. Une lueur vocale au bout de la nuit. Mystère du passage que nous traquons. Alphabet secret qui nous rattache au simple sentiment d'exister. Le poids de l'air vicié dans la poitrine. Une fois les paroles écrites il ne reste plus qu'à chanter. Lancer un groupe de rock. Et se faire un million de dollars. *Shhhhhhhhhhhh.* Je me redresse en sueur. Herbe du diable. La ville immobile défie les éclairs blancs. Des sacs entiers d'herbe venue du Mexique. Ce traducteur fume décidément d'étranges cigares qu'il modèle avec grande patience et tendre maladresse. Je lui demande alors les brouillons des poèmes. L'instant semble propice. Je veux des preuves ! *Cats are screamin' out of my back door.* Il me fixe de longues minutes au fond des yeux. Éclairs mouvants dans les pupilles. Puis je sens sa main fouiller dans des papiers. La musique court toujours sur l'orage naissant. Exploits au bottleneck. Je reconnais le toucher magique de Ry Cooder. 1964. Pratiquement en culottes courtes à l'époque. « Statesboro Blues ». Puis « If the River was Whiskey ». « Dust my Broom ». Nageant avec Taj Mahal dans une mordorée rivière de whisky. Où dénicher encore un tel disque ? Le nom du groupe. Rising Sons. Ce type est bizarre. Fouille toujours dans son fatras de papiers jonchant la pièce. Me tend une enveloppe brune portant un cachet à tête d'oiseau. Je caresse la chose. La frotte lascivement contre ma poitrine. Bibliothèque de l'UCLA. Deux photos s'en échappent. Un cactus peyotl avec en premier plan cette fille si belle qui dort dans la pièce d'à-côté. Un marin en goguette embrassant une poufiasse au visage exagérément fardé devant l'affiche d'un spectacle musical. *Le Petit Mahagonny.* Et je tire une feuille froissée. Écriture à l'encre bleu marine. Écriture enfantine presque. Mais sans ratures. Une seule en fait. Tracée sans hésitation apparente. Je caresse les mots. La courbe. Les pics des lettres. *Road. Black Gold Mine. Your Very Last Chance.* Du doigt. Du regard. Lettres torturées. Tamis de la mémoire. Blues et flamenco mêlés. Dos tourné au public. Il me fixe toujours. Les yeux exorbités. Il attend que je réagisse. Me jette sur lui. Le saisisse à la gorge. Fasse jaillir le sang. Lui arrache les yeux. Le jette du cinquième étage. Mais non. Il y a ce secret que nous partageons. Ces substances. Nitrate d'amyle. On ne frappe pas son ombre. Son spectre. Le disque s'arrête. Un chien se met à aboyer au bas de l'immeuble. Le traducteur change le disque. Avale une longue rasade. Achève la bouteille. La fait rouler jusqu'au bow-window. Il me parle soudain de ces écureuils qui le jour escaladent la paroi de l'immeuble. Oui. À la verticale. Et à toute vitesse. Il faut le voir pour le croire. Dit-il. Des écureuils nains d'une agilité saisissante. Mais je ne distingue que ces serpents bleu marine. Entre mes mains. Rampant sur la feuille. Phrases lapidaires. Un blues amer figé sous les voyelles. L'arête des consonnes. Ce traducteur est fou. Mais il sait. Il comprend. Il écoute Captain Beefheart. Them. Et leur chanteur Van. Jim. Van. Un même patronyme. Les voix du passage. Un frisson commun. Ce type est givré. Mais il s'y connaît vocalement. Quand la musique cesse. Il éteint les lumières. Et nous dansons sur le feu du silence. L'aube pointe son museau de crotale. Ses cymbales claires. Dinah dort un micro entre les seins. L'autre fille si belle repose dans la chambre attenante. Sur son water-bed. Ophélie nocturne glissant parmi les nénuphars des rêves. Ce traducteur sans tain est le miroir du grand sommeil. La nuit s'achève. Et nous sombrons de fatigue et d'alcool. Je serre ce poème bleu marine contre mon cœur. J'entends les veines de mes tempes. Le tempo du temps. Les percées de poignard du côté de l'aurore. Plus rien alors que la douce apocalypse du secret et de la complicité. J'entends un son très doux. Voilé. Oreille collée au sol. Roulement de cymbales. Et le sommeil m'emporte sur ses ailes déployées. Nuit perdue. Nuit persane. Nuit insane. *Shhhhhhhhhhh.* Lumière noire. Musique seule amie aux seins nus et parfaits. Nous nous mouvons dans des flots ardents. Regard radiant derrière les paupières. Un bruissement. *Shhhhhhhhhhh.* L'oubli. L'abandon. *Shhhhhhhhhhh.*

*

Je me réveille le premier. Courbaturé. Agressé par la lumière du bow-window. Corps cassé à même le sol. Dinah dénudée sur le divan. Un instant elle s'éveille et me regarde. Sans un frémissement. Remonte la couverture sur elle. Puis ferme les yeux. Plonge à nouveau parmi les opossums de ses rêves moites. C'est l'heure du doute ou de l'euphorie. La vie m'aurait-elle déçu à ce point ? Non. Je me persuade avec insistance qu'elle n'est qu'expérience et non devoir. Fatalité. Duperie. Je me recroqueville. Corps en boule. Front appuyé contre la moquette râpée. Plaintive voix intérieure. Mains derrière la nuque. *Perdus dans un désert de souffrance romaine.* Oui. Lâchez les fauves ! Je suis au centre de l'arène. Le danger rôde sur la ville. Le long de cette rue. Dans les recoins de cette pièce envahie de papiers. Langue pâteuse. Tête crissant dans la soie du doute. Front martelé. L'orchestre gronde sous les sunlights et ma voix reste muette. Terrée au fond de la gorge. Ils prennent et reprennent le motif musical. Ma voix refuse de répondre. *Voici la fin. La fin des doux mensonges. La fin des nuits où nous entendions mourir.* Œdipe me dévisage. Menace de me percer les yeux. Où se cache la dépouille de ton père ? Énigme du sphinx. Je ne vois plus mon père depuis des années. Il me traque depuis l'enfance. Par ses silences. Ses colères. Son indifférence. J'entends ses pas crisser sur le gravier du jardin. Il me traque. Sans doute a-t-il frappé ma mère. Sans doute ai-je tenté de la défendre. La mémoire est un livre fallacieux mais persévérant. Nous sommes enfermés dans la chambre du fond. Il nous a braqués au fond du couloir avec son fusil de chasse. Mon frère. Moi. Ma mère. Arc-boutés contre la porte. Non. Il ne tirera pas. Nuit interminable. Nous entendons le cœur de chacun battre sous les draps. Une armoire maintenant bloque la porte. Nous protège du drame épique. « The End ». Pour graver un tel cri. Il faut une dose certaine de terreur. Salle d'enregistrement. Je serre l'extincteur entre mes bras. Mitraille les murs. La console. Le matériel. Avec la poudre blanche. Envoyez la note chez Elektra ! Le calme revient. Ils trouvent les mots. Toujours. Incendie maté. Fictif brasier pour conjurer le sort. Tuer son père. Baiser sa mère. Le studio baigne dans la bière et le stupre. Crinière dans les étoiles. Le couguar hurle à la nuit. Rampant dans les herbes mexicaines. J'allume le poste de télévision. Son coupé. Pour ne pas réveiller ce traducteur mythomane. Sa muse sculpturale. Dinah. Feuilleton américain. Ce pays est une fiction vivante armée jusqu'à la gueule. Armes en vente libre sous le prépuce du Vietnam. Sang. Sanctification. Il me revient aussi que nous partagions la même femme. Et que nous ne pouvions tout à fait nous haïr. Ce même amour des mots. De la poésie. Ce corps est notre cahier commun. La salive de sa bouche est venin. Encre partagée. Nous devions nous mesurer aux Beach Boys. Kinks. Love. *Da capo.* « Évadez-vous avec un disque électrifiant. » Un publiciste la tête enfouie dans un sac d'herbe. L'heure de l'hésitation grille sous la flamme. Nous tentons de mettre le feu à la nuit. Chorégraphie du Mort Reconnaissant. Si peu de meubles dans cet appartement. Tant de livres. De papier. De disques. Je rampe vers la cuisine. Le réfrigérateur. Lumière crue. Bière glacée à l'aube.

Capsule arrachée d'un coup de dents. Une goutte de sang perle sur les lèvres. Pop joycéenne. « Like a Rolling Stone ». Je dévale les marches de ma vie. Corps meurtri. Une danse de chaman. Charmeur de serpent. Jefferson Airplane planant dans les neurones. *Les Doors commencent là où les Rolling Stones abandonnent.* Un plaisir insupportable et prolongé. Costume de scène moulant. Si moulant. Le corps en cuir. Et ses écailles. Hédonisme. Je me caresse les hanches. Entre les hanches. Ce concert berce les jours étranges. Musique concrète. Frigo ouvert. Tête dans la glacière pour retrouver ses esprits. Quelque chose comme le doux bruit de l'alizé. *Mémoires sauvés du vent.* Je suce des glaçons dans un ciel de confiture. Serais-je un funambule en extase ? Je reviens dans la pièce. À genoux devant le corps de Dinah. Je lèche ses plaies. Le mal que je lui porte depuis treize mois. C'est une expérience limite. Elle offre sa vie au bal des maudits. Dans les coulisses mêmes du désespoir. Elle approche du secret. S'aventure dans les arcanes. Ô Dinah ! Sainte Dinah ! Vierge noire des nuits électriques ! Comment peut-elle souffrir une plaie ambulante ? Une métamorphose purificatrice ? Alchimie plongée dans le chaos. Les arrondis de son corps dans les noces de sabbat. Comment éviter de la faire souffrir ? Déclic de l'œil photographe sur les aréoles. Le pli de son sexe. Infirmière en négatif. Qui panse le condamné. « Commmmmmmpagnie. Halte ! » Le peloton s'agenouille. Victime expiatoire. Silence. « Présenteeeeeeez armes ! » Je leur offre mon torse. L'attente si longue. Mes plaies. Mes blessures. Ma solitude. Notre solitude. Ma tombe fraîche. Terre juste retournée. Mon corps vous appartient. De toute façon. *Personne ne sortira d'ici vivant.* Ni les enfants-fleurs. Ni les bouchers au crâne rasé. Nous jouons à cinq contre un. L'éthylisme laisse à califourchon entre le génie et le néant. Sous les néons le micro siffle. Aigu. *Snake. Shhhhhhhhh.* Le front ceint d'une lanière indienne. Mes doigts effleurant le corps de Dinah. Ses lèvres pulpeuses. Ses seins fiévreux. Son sexe au suc d'orge. *Une sexualité infantile. Perverse et polymorphe.* Un avertissement au sourire pâle des articles. Des photos. Des interviews. Transe. Ma bouche vrille son nombril. Le centre du corps. Sa main glisse dans mes mèches brunes. *Le monde entier m'adule. Me hait.* Sauf cette femme. Une douceur. Une beauté intérieure terrifiante. Cinq contre un face au monde extérieur. Il fallut me traîner dans les parfums du désir. *Ici est mon foyer !*

*

À l'époque j'avais loué une chambre cafardeuse au bas de la rue Saint-Denis. Non loin du Vieux Montréal. *17 $ per week* sur l'écriteau. Lettres rouges sur fond blanc. Cela semble si loin aujourd'hui. Autre vie. Une de mes vies est fiction. Laquelle ? La notion de temps est une valeur très relative. Et la haine un sentiment bien sous-estimé. Cette rue – comme le monde – a bien changé. Faux bistrots français. S'est défigurée. Transformée en deux décennies. Je marche sur mes pas. Santiags étoilées dans Montréal nocturne. Nouvelles créatures. *Seule vie de rue. Seule vie de nuit.* Les mois d'août peuvent s'avérer torrides par ici. Difficile à s'imaginer pour des Européens. Tout comme le freezer traumatisant de l'hiver. Réfléchir toute une matinée avant de renoncer à s'aventurer au coin de la rue pour acheter des cigarettes. Paroxysme. Je revois cette chambre. La logeuse enragée vexée. Deux mois plus tard je ne comprenais toujours rien à son joual. « J'parlâ pourtant Françâ ! Kris de tabarnak ! Baptême ! » Les côtelettes de porc suintent depuis des heures sur le linoléum de la cuisine. 37 °C à l'ombre. Pension minable. Hantise qu'elle me propose de dîner avec elle. Dans ce quartier le simple fait de parler anglais était aussitôt considéré comme une insulte. Une provocation. Et inversement pour le français deux stations de métro plus loin. Le travesti en taffetas rose m'insultait chaque nuit lorsque je rentrais torché de houblons. Néon blafard. Le bousculant dans le vestibule. Homme rapaillé. *17 $ per week.* Frigo des années 1950. Douche des années 1940. Lattes de bois. Cuisinière des années 1930. Quartier francophone. Aucun des trois vendeurs ne savait ce que signifie « sac de couchage ». Matelas loué nu sans draps. « Ah ! le gars y veut un sleeping bag ! » Urgence défense de la langue. Cette France dévoyée autonome est en péril. L'indépendance est affaire culturelle. Affaire d'honneur. Six millions de francophones menacés par les glaces et 250 millions d'anglophones. L'armada des médias. Lumières mortifères des salles de jeu et des académies. Une langue encerclée. Difficile à imaginer entre les doux oreillers. Boules Quies des dictionnaires. Chloroforme des encyclopédies. Marcel Proust meurtri dans la neige rougie. Sa dépouille bientôt confiée aux castors. *Des caméras dans les cercueils interviewent les vers de terre.* Le verbe est politique plus que les idées. Midi. Centre ville. Je les ai laissés dans cet appartement de vertiges.

Je déambule seul dans la cité. Jours anciens. Vie moderne. Traversant la ville au couteau. Seul. Taverne du Trappeur. Bière Molson au cœur. Je revois ces Inuits contempler incrédules leur légende si proche. Commenter sidérés cette pirogue. Ces raquettes des neiges fixées au mur pour l'ébahissement des touristes en goguette. La lenteur de leurs gestes. Respect des ancêtres. Nous sommes tous des colonisés des monstres. Généreuse poupée russe de la terreur. Moujik enserrant un plus modeste moujik. Tu me domines. Je te domine. Nuit surchauffée. Taverne du Trappeur. À l'aube l'effigie a disparu. VÉRITABLE TÊTE DE BISON. Enseigne dérobée par une bande de soiffards sans scrupules. Arrachée au mur. Juste au-dessus de la porte ! On regardait les Canadiens à la télé. Rien entendu. Ambiance survoltée. Le palet semble transpercer les filets. Montréal 5. Vancouver 2. Forum surchauffé. 15 200 spectateurs. Hockey. Soccer miniature sur glace. Ailier écrasé contre la bordure. La rondelle ripe sur la tuque. Coupe Stanley. Tavernes des désirs. Intensité. Debout sur les sièges. À hurler. C'était il y a longtemps. Nous étions placés juste derrière l'écran de contrôle. Pierre rédigeait. Concevait la publicité pour Molson. Places privilégiées. Incognito. Un des derniers matches de Lafleur. La star locale. 5 pour les rouges Canadiens. 2 pour noirs de Vancouver. Je n'ai pas oublié. Le plaisir d'être là. À hurler avec les loups. Des étincelles sur la glace. La rondelle franchit la ligne au ralenti. Images syncopées. *Et cet autre bras. Serpent le long du corps. Toujours prêt à bondir.* L'intensité vaut celle d'un concert. La mise à mort est la même. Un palet en plein front. Ola de la foule dans les gradins. Un contrat à respecter.

Un jeu pervers et violent. Un rôle à tenir. Qui tient les rênes ? Sport. Rock. Curée identique. Reste la sueur. L'incertitude du score. La hantise du titre ou de la relégation. Les mots. Les cris et la douleur. L'extase. Souffle coupé. Oui. Je me souviens de cette patinoire. Du Forum et du public dans les étoiles. Autre vie où je me croyais délivré de la douleur. Midi dans la ville. Seul. Au hasard du sacrifice. *La division des hommes en acteurs et spectateurs.* Héros déides dans nos frissons intimes. Vie par procuration. Cette douleur frontale. Toujours. Ce sentiment de la foule et de l'arène. Ce traducteur est impitoyable pour les jours anciens. Je déambule hagard dans les veines veinules du jour. Dans les rues ruelles du centre ville. Urgence d'en finir. Tension extrême. Le corps résiste toujours à la pression du cœur. Des sentiments. Impénétrable présence. *Le corps n'existe que pour les yeux.* Aride réalité épongée dans l'alcool des bars. Serveuses topless. La main monte et descend sur les verres lisses et glacés. Turgescence des rêves. Des souvenirs. À quoi tu penses ? dit Pierre dans un sourire carnassier. Déglutissant sa dix-septième Molson. Dix-neuf ans plus tard. Le retrouver au même endroit. Taverne du Trappeur. Il me croyait mort. Et enterré. Dans les prismes. Les daguerréotypes du souvenir. Fantasmagorie. Et non ! Pierre. Le spectre te salue sous les tatouages de l'exil. *Morituri te salutant.* Chasser la mort. Chasser la nuit. Le film se déroule. Tu restes seul dans la salle. SEUL à contempler *la Salamandre* se débattant dans les rets de la réalité. Un film d'Alain Tanner dans les paupières du Bison Ravi. Nous avions vu ce film sept fois. Sept ! Immenses éclats de rires. Monde dissous.

Trop d'amis nous ont quitté trop jeunes. Retrouvés dans une chambre d'hôtel. Harassés de durer. Caméra interne. Alchimie des images. Rue Saint-Denis. Les Seigneurs du passé se partagent les trottoirs de l'indifférence. Lions inertes. Nouveaux morts figés dans notre jeunesse chloroformée. Il ne fait pas bon revenir en certains lieux. Traces amères. Sang et poussière. Je dois héler le premier taxi. Avachi sur le fauteuil de faux cuir. Femme lézard qui m'attend rue Ridgewood. Fin de chasse. Hauts vents du Karma. Dinah ! Dinah ! Son inquiétude pressentie. « Il n'y a qu'une maladie et j'en suis le catalyseur. » Musique régénérée. Neige fondue. Le taxi attaque la rue sinueuse. Au sommet. Artère battante. Une femme noire m'attend. Route serpentine. Nuage rose fané. Le chauffeur m'observe. Me dévisage. « Eh ! hastie. C'est quinze piastres ! » On ne peut monter plus haut. C'est une impasse. Quinze dollars pour l'Éternité ! Une affaire. Une aubaine. Nirvana. Je lui tends un billet froissé. Délavé. Suspect. Il le caresse un instant entre le pouce et l'index. Marmonne un juron inaudible. Rend la monnaie. Un drôle de client entre les serres de l'aigle. Tout là-haut. Parmi les écailles scintillantes de l'impasse du ciel. Il ne faut pas musarder parmi les souvenirs. Péril. *Galaxies de poussières infinies.* Je rafle l'alcool restant. Le livre unique. Mon infirmière d'amour. Et j'appelle le long oiseau d'acier. Aéroport international. Direction Paname. Sans un regard pour le Nouveau Monde. Géronimo. Les Aztèques. Les conquistadors. Un nœud de vipères dans les sillons célestes.

*

Pourquoi ces solitudes ? Les aéroports. Terre incertaine et factice. Montréal-Paris. Un trait d'union zébré en plein ciel. Faune. Ici la couleur de la peau. Les religions n'ont plus de sens. On n'attache les ceintures que sur ses doutes intimes et son corps nadir. Avachi. *L'America. L'America.* Une poignée de verroterie contre une pleine malle d'or. Rêves à louer. Cet avion est bille d'acier jetée dans le vaste flipper des étoiles. Nuages bumpers dans les courants tremblés. La fête est finie. Dernier horizon. Derrière mes lunettes noires je spécule avec la révolte. Marché de dupe. Le désespoir. La dérision. Passagers de la tourmente. Chiens sans leur os à ronger. Fragile esquif. *Crystal Ship.* Trous d'air. *Hendrix son pénis médiator.* Cérémonies boréales. Ivresses. *Militant du futur immédiat.* Dinah se méfie quand je me voile ainsi les yeux. Verres fumés. Elle prend alors l'initiative. Me susurre des insanités. Me mordille l'oreille. Me propose de partager de curieux loukoums. De faire des galipettes savantes sauvages dans les gogues du 747. Ici je dois sourire. La rassurer. Lui promettre tous les possibles. Une statistique énonce que plus de six cents incidents aéronautiques annuels en France sont dûs aux oiseaux qui éventrent les cockpits ou pénètrent dans le grand hachis des réacteurs. Les sciences exactes lui répugnent. J'imite différents chants d'oiseaux. Elle fait la moue. Un gros joufflu sanguin se retourne et me considère avec mépris. Dinah me caresse. Me mordille les lèvres. Passe sa main sous ma chemise. Six heures de vol. De tendresse. Et d'insomnie. Décalage horaire. *L'écriture n'est pas la répétition vivante du vivant.* Cette fois j'aurais bien du mal à fuir par une fenêtre. Ce n'est plus ni deux ni six étages.

Mais 6 000 mètres. Rêve d'une dernière murge auprès de Janis Joplin. Sans violence. Promesse d'ivrogne. Sans bouteille de Southern Comfort comme matraque creuse. Le sang whisky ne dégoulinera plus du menton sur les seins. J'ai dû abandonner le fauteuil roulant tel un héros romain exténué. Dinah me guidant au centre du théâtre antique. Sous les feux de la scène. Une sorte de rage. Veste en lézard. Boire est parfois activité grave et joyeuse. Quand tu serres les mots au creux de la main et essores les phrases au bout des doigts. *Ne pas toucher terre. Ne pas voir le soleil.* Cet oiseau de métal replie ses ailes luisantes sur mes plaies à vif. L'orgue. La batterie. Tourbillonnent entre ciel et terre. Et Dinah s'est endormie. Son livre sur les genoux. Mes lunettes de pharaon servent de marque-page. *Amer Eldorado.* Cette fois nous partons pour de bon. Un solo moelleux de 3 600 minutes. Et vous croyez que j'exagère... Répondez donc au questionnaire ! Jusqu'ici. Avez-vous aimé le récit ? Selon vous : le personnage central ressemble-t-il à un être réel ? Trouvez-vous trop d'obscurité dans le récit ? Jusqu'ici. Vous semble-t-il atteindre une dimension métaphysique ? Avez-vous saisi le sens symbolique du voyage ? C'est juste un petit jeu. Rien à gagner. À partir de maintenant c'est la vie en flagrant délit. Et si j'exagère c'est que la mort rôde. Promène négligemment sa truffe humide sur ma nuque. Nous avons déjà rendez-vous. Paris sur les ailes de l'exorcisme.

*

De nombreux passagers se sont assoupis. Certains déjà dorment profondément. Heure bleue. *Je te salue apaisement galactique.* Walkman. Clic-Clac. En plein ciel toujours le même disque dans la ouate imbibée. *Music For Airports.* Claviers célestes. Robert Wyatt. Brian Eno. Machine molle tanguant dans l'ozone acoustique. Dinah. « Hello ! I Love You. » Ma main glisse entre ses jambes vers la grande chaleur. Les arrangements sauvages du désir. Paris sur scène. Chinoise Juliet ne m'attend plus avenue Trudaine. Les rôles principaux de ma vie s'estompent dans les cimetières. Colombarium. Amis évanouis dans les évanescences du hasard. *Une cure d'inefficacité.* J'aime cette ville plus que toute autre. Ses quais paisibles qui effleurent le monde sous une photo de René-Jacques. Ses rues étroites et souvent biscornues. L'ombre de ses porches sans calèches. Ses bistrots où amortir la douleur autour de frères d'une nuit. Passagers chaleureux en équilibre sur les sièges éjectables de la vie. Montorgueil. Autre rue Saint-Denis. Et ruelles adjacentes. Femmes fuselées languides face au zen dévorant de l'asphalte. Fraîches. Fanées. Brûlantes. Perdues entre les mailles de leurs bas résille. Dans l'orbite du désir incertain et tarifé. Pur théâtre. Tragédie du corps seul. À peine en mouvement sur les trottoirs. Travelling des chairs inconnues et anonymes. Leurs prénoms improbables. Je me jette à même le sol. Cuir moulant. Animal primitif. Je renifle la peau de cette ville. Sa sueur. Caresse ses reliefs. Cinquante amplis alignés sur trente mètres. J'arpente la scène un nœud de vipères tendu dans chaque main. Les reptiles incarnent la crainte. Le danger. La menace de survivre. La perte. *En principe c'est de l'ironie.* J'achève ma reptation. Titube entre deux estaminets. Démarche chaloupée. Entrechats parmi les verres alignés. Lèvres retroussées par l'alcool. Lippes très chic. Et bientôt l'Europe. Ses voitures miniatures comme des jouets. Je pense à la douane. Déplie délicatement la feuille d'aluminium. Croque à même la barre de haschisch. La mâchouille lentement. La déglutis. Longue rasade de Stolichnaya dissimulée dans une bouteille d'eau minérale. Pour faire passer le tout. Nous arrivons tôt le matin. Décalage horaire. Fatigue monstre. Dormir aussitôt. Sinon attendre l'épuisement le plus tard possible. Une pâleur d'ivoire. Je m'imagine dans le rôle de Billy the Kid. Sous les mots de Michael McClure. Seul sur scène face à trente-sept initiés. À Paris je peux parler poésie avec les poètes. Mais leurs poèmes restent dans leurs livres. Nul ne les écoute. « Dry Water ». Je veux qu'on me lise tombé de haut dans le chaos du monde. Une voix tumultueuse et sage dans les relents meurtris du corps. Un rythme noir et blessé. La poésie est émeute des nerfs. Les mots en fraude entre volonté et abandon. Piment frontal. Cocktail bière-vodka. Je sais. Cela les révulse. On peut jouer ainsi la nuit durant. Des blues constrictors. Nul ne peut nous sauver. Sauf le tigre aveugle. Monstre vêtu de cuir noir. Tourbillon indien. Devenus les Beatles mordants de l'Amérique. Ô touche-moi Dinah ! Pince-moi ! Ongles peints en vert. Prouve-moi qu'une once de vie bourdonne encore derrière les parois fragiles. Si fragiles. Du corps. Nul ne saurait reconnaître l'homme le plus sexy de l'histoire du rock and roll. Le zombie des rades interlopes. Rue Rochechouart en pente pour mieux descendre en soi. S'agripper aux murs. Il a bonne mine le Mickey Mouse de Sade ! *Plus bon à rien que pour la nostalgie.* L'apocalypse ou l'amnésie. Benzédrine.

Je cherche la porte de sortie. EXIT en lettres lumineuses et tremblotantes. Ce qui pourrait me rendre RÉEL. Paradis immédiat. L'hôtesse me parle comme à un enfant malade et capricieux. Fiévreux. « Vous devriez réveiller la dame qui vous accompagne. Et surtout cesser de hurler comme ça. Vous êtes dans un avion ! Nous serons à Paris d'ici une demi-heure. Je vous en prie ! » Sa main serre mon poignet. Et la fièvre tombe. « Je vous en prie ! » Dinah s'éveille. D'un pays lointain. Je rote près. Si près des mèches blondes de l'hôtesse. De son corsage entrouvert. De son badge. Allison. Ô Allison. Allison. Je suis prêt à te mordiller les oreilles. Besoin d'amour. De tendresse. Il n'y aura pas de scandale. Dinah s'éveille. Je veux de l'amour. De l'amour ! Dinah. Allison. Femmes de toutes les vies. De tous les mondes. De tous les fantasmes. Comprenez-vous ? Je reste toujours prêt à jouer à cinq contre un. « Five to One ». Je parle d'amour. Je connais la cote de l'amour en ce bas monde. Cinq contre un. Et je suis généreux. « Love Street ». Et vous me parlez de scandale ! *No fun !* Les étincelles des Stooges. Les étincelles d'Iggy Pop. Je parle d'amour. Allez vous faire foutre ! Paris bredouille des paroles inaudibles. Sans limites. Dinah émerge d'un monde inconnu. Fin du concert. L'hôtesse fait preuve de patience. De compréhension. De compassion. Limite les dégâts. Les fauteuils alentour se vident. On évite le monstre. Moi. Conduite impudique. Tapageuse. Pleine conscience du malaise. Self-control de Dinah. Elle aussi calme le jeu. Un égarement proche du fantasme de la mort. *Paris wanted !* Je me tais. Je me tais. L'hôtesse me serre. Me presse. Me broie le poignet. Il y a comme du désir dans ses réprimandes. Mais les forces m'abandonnent. Hésitant sur le parapet du 747. Le lynchage est reporté. Été indien. Vie en sursis. Absolument en vie. En sursis. Sous l'épiderme du mort. Diamantaire du blues. Cessez ! Cessez de m'entretenir du passé. D'aviver les plaies anciennes. Cessez donc ! Papiers en règle. Je reste prêt à affronter l'Ancien Monde. On peut se suicider. Sauter du sixième étage. Se jeter du pont. Étreignant une poétesse slave. Une comédienne indienne. Ou choisir la capitulation lente. J'avoue ne pas avoir encore choisi. Ne pas avoir encore tranché les veines. Même si nous étions prêts et si près du grand envol. Dans les neiges de février. Il n'aurait pas fallu qu'un ange souffle dans notre dos. Doux zéphyr. Il n'aurait pas fallu ! Le destin estampille son copyright. Reine coda. Groggy dans les cordes du mythe. Détachez vos ceintures. Paris. Paris. Nous voici. Attendant nos bagages face au carrousel grinçant. Paris. Paris. Nous voici dans le collimateur du désespoir. Guettant longuement notre taxi dans la queue d'un lézard œdipien. Un hôtel nous attend. Neuvième arrondissement. Rue Rochechouart. Je ne me ferai jamais aux monologues des chauffeurs chauffards. Aux lumières crues des hôtels. Aux matelas grinçants de leurs chambres. Dinah. Je t'emmène dîner chez Chartier. À la table de Max Jacob et de Guillaume Apollinaire. Emmanuel Bove déplie sa serviette. Ombre des ombres. Commande un museau vinaigrette. Puis prend des notes sur son carnet à petits carreaux. Sens du détail touchant. Où est le crime de contempler le monde ? D'opérer à cœur-visage ouvert ? Où est le crime de disséquer les manies ? Les failles des quidams ? La poésie des cinématons ? Je m'écroule sur le lit. Ivre. Mort. Une flasque de vodka rebondit sur la moquette. Le nylon et les tulles de Dinah glissent sur son corps. Je bande et glisse dans le sommeil. Que fait-elle alors de mon corps ? Vers midi notre étreinte sera d'une violence démesurée. Dans une prise à risque je me démets légèrement le genou. Dimanche bleu. *Blue Sunday*. Je passe une main dans ma barbe. L'autre dans sa fourrure. Son corps frémit. Je masse mon sexe sous l'eau brûlante. Jet d'eau sur le plexus. Elle me malaxe les fesses. Les presse. Langue contre langue. Sous la douche. Muqueuses sur l'émail. Sexes glissent lisses. Langue contre langue. Seins d'argile. Soubresaut des corps. Et se sécher. Cœur sec. Desséché. Dans l'escalier je boite légèrement. Tendre claudication. Petit déjeuner douloureux. Nul ne peut m'en vouloir. Je dois m'accepter. Dinah m'accepte. Se gave de confitures. Café amer. Je n'émets aucune objection. Croissants frais. Café brûlant. Revue de presse. Fin cigare. Paris m'attend.

*

C'est-à-dire. La mort ne vérifie pas ses sources. Victime non identifiée flottant dans une baignoire anonyme. Convoqué pour le grand voyage. Franchir le miroir. La foutaise de la réincarnation. Métro Saint-Michel. Un enfant d'une dizaine d'années brise le silence. *Je vais vous chanter une petite chanson de mon pays.* Accent déchiré. Chant expurgé des frontières. Serbie. Croatie. Montenegro. Portes cadenassées. Monde qui se subdivise. Se resserre dans ses cellules. Utopies en berne.

Le désespoir tire la couverture à soi. Métro Saint-Michel. Elle m'attend à la terrasse de ce café. Quelques années plus tard. Juste quelques rides apparues à la commissure des lèvres. À l'angle des yeux. Cynthia. Boucles rousses. M'explique qu'elle a gagné son procès. Moulages en plâtre du sexe des rock stars. Sourire perverti. 10 000 dollars de dommages et intérêts. Jimi Hendrix. Zal Yanovsky. Eddie Brigati. Elle a récupéré le magot et leurs sexes de bronze. Leurs empreintes de plâtre et de bronze. Moulages. *La guitare de Jimi Hendrix vendue aux enchères 500 000 dollars. La réplique de son pénis vaut pour le moins cette somme.* Cette nouvelle mérite bien trois doubles scotches. Sueur. Serait-ce l'écart de température entre les rives du Saguenay et les bords de Seine ? « Yes. The River Knows. » Tout se joue au-delà du bien et du mal. Chambre d'hôtel. Corridor aveugle. Cynthia me prend par la main comme sur cette plage de Venice. Californie. Vers le rythme des corps. *Southern Pacific. Santa Fe Railroad.* Son corps bat toujours la cadence. Je lis sur son épiderme comme sur un parchemin précieux. Comme un palimpseste diaphane. Sa salive. Ses sucs. Portent toujours ce même goût. De l'appartement de Pasadena à cette chambre d'hôtel exiguë du Quartier latin. La notion de temps s'étiole. Mais quelle nostalgie superflue l'excite ainsi à habiter la même chambre d'hôtel qu'Henry Miller jadis ? Pourquoi me traîner encore et encore dans les traces sinusoïdales du passé et du mythe ? Cauchemar climatisé de nos jours tranquilles et torturés. L'ombre d'Anaïs Nin. Le bras fantôme de Blaise Cendrars. La lecture des *Fleurs du mal. Sexus. Plexus. Nexus.* Elle a toujours su y faire avec les spasmes. Même loin du désir. Si loin. Marionnettes exsangues de nos corps. Dans la brutalité des après-midi. Une femme d'étage nous surprend. Avons oublié de tourner la clé dans la serrure. Cynthia à genoux. Seins écrasés sur le lit. Ma main lui bloquant la nuque. Vertèbres si fragiles. Viande violente. Nos corps séparés depuis des mois. Des années. Nous voici tous sens vivants dans les vapeurs de foudre et de foutre. La porte se referme en silence. Je n'oublierai jamais ce regard de la femme d'étage. Sa gravité tendre et paniquée. Cynthia étouffe un cri et des flammes blanches giclent dans son ventre. Nous voici ébouriffés. Mordus. Griffés sur des draps moites. La nuit suivante Dinah caressera ces stigmates en silence. Comme un chat vagabond revenant blessé au bercail. Ses plaies plaidant pour lui. Le dur métier d'aimer. Et de survivre. De kidnapper au destin les rares heures qui marquent et se déposent dans l'escarcelle du temps en fuite. Dinah ne posera donc aucune question. Elle connaît. Oh ! elle connaît si bien la misérable écriture du désir frelaté. Le goût de l'expérience. Elle ne pose plus JAMAIS de questions. JAMAIS. J'aurai donc tout dérobé. Pillé. Violenté en elle. Jusqu'au clair-obscur des paroles et des confidences. Et je reste au pied d'un mur de silence. Seul face à moi-même. Avec une infirmière de ma vie en suspens. Dans un angle reclus de la mémoire. 19 heures. Réception de l'hôtel. Cynthia me raccompagne au métro. Nous flânons un moment sur les quais. Jouons. Musardons parmi les boîtes des bouquinistes. Je lui offre un incunable de Louis Delluc. *Le Train sans yeux*. Et *Je me souviens*. De Georges Perec. Elle me parle alors de Frank. De Babe. De Paul. Du film inachevé. Je l'embrasse une dernière fois. À mon tour de m'emmurer dans le silence. *Ce gars sera le James Dean des années 1970.* Je n'oublierai jamais cette sentence du Cobra souriant de CBS Television. Un mythe suçant le mythe. L'art de renoncer au cinéma. Mais ils voulaient juste me coller les couilles sur leurs écrans de bromure. Je préférais l'intensité. La réclusion du poème. Seul et seul dans une chambre glaciale du Morrison Hotel. *Ce fleuve descend sur les jambes de la ville. Les femmes pleurent des torrents de larmes rouges. Du sang dans les rues de la ville de New Haven. Du sang tache les toits. Les palmiers de Venice. Il pleut en amour.* Du sang. Des larmes. Faut-il espérer survivre ? Ivre. Las. Parfois Dinah achève mes bouteilles pour que je ne m'achève. Le temps vécu est temps perdu. Vous ne pouvez imaginer cette fatigue de vivre. Monde voulu tout de suite. Monde mirage. Monde estompé. Otis Redding en coulisses vocales. Ahmet Ertegun voulait le groupe sous le label Atlantic. La voix noire. Boire toujours plus. Se charger davantage ne signifierait plus rien. Bouteilles vides jonchant le décor. Autant pisser dans l'ascenseur. Contre les murs du couloir. Moquette épaisse de l'hôtel. Gazon de velours. Plus rien. Plus rien n'a d'importance. Le public en veut toujours plus. C'est sans fin. Je me retrouve au bar de l'hôtel. Une bière glacée entre les doigts. Déchiré. À force de contempler le verre. Celui-ci se transforme dans les courbes de Sharon Tate. Comment cesser ? Mick Jagger se cabre dans les bulles. La solitude *live* face au suicide. Une limousine m'attend dans mon intimité. Seul au bar dans le tintement des glaçons. Le barman tente d'engager la conversation. Je relève mes lunettes noires sur mon front et reste comme un môme étourdi face au silence d'un inconnu. Arrimé au bar comme à un rêve ultime. *Midnight cow-boy* arrimé au cuivre de la nuit. Ce qui compte soudain : une obsession. Extirper l'étranger qui sommeille derrière notre conscience. L'alcool plus que la drogue le permet. Parfois. Parfois. Quand on parvient par inadvertance à témoigner face à soi-même. Tribunal intime. Jusqu'à la mort on se traque. Enfoiré de moi-même ! Quel est ton secret ? Là où tu me mènes. Quelle est cette force inutile qui te fait avancer ? Te fait espérer plus qu'il ne convient ? Larmes aux yeux. Cynthia gît sur son lit. Dinah gît sur son lit. Mon front gît sur le comptoir du bar. Je voudrais annuler le concert de ma vie. Sans caution pour l'immortalité. Sculpter un cure-dent dans un séquoia. Voilà l'essence de chacune de nos vies. Paris somnole dans ma fièvre. Cynthia chambre 17. VIe arrondissement. Dinah chambre 51. IXe arrondissement. Je plonge de la tétracycline dans ma bière. La fièvre monte encore d'un cran. Une autre femme jaillit dans un éclair. Et des étincelles. De vraies étincelles. Je le jure. Jaillirent dans la nuit. Et elle me prit la main. Moi. Terrifié de désir. Sexe évanoui de passion. Cynthia. Dinah. Trois femmes en A. Femmes de L.A. Le barman me secoue en vain. Que faire d'un client seul évanoui à 2 heures du matin dans un hôtel chic. « Monsieur ? Monsieur ? Nous fermons. Il faut regagner votre chambre. Donnez-moi le numéro. » Dans mon semi-coma je le sens paniquer quelque peu. Il est très jeune. Très pâle. Mon corps est lourd de tous ces alcools. Qui donc m'aura transporté chambre 51 ? Mon corps si lourd de tous ces abandons. C'est à cause des hôtels. Des piscines.

Des palmiers. Des Floride. C'est à cause de la censure. Des procès. Des solitudes. Affaire n° 69-2355. Laissez-moi dormir au pied du bar. Corps glissé. Lové. Meurtri. J'attends le verdict. Mes yeux se ferment dans l'obscénité de la survie. J'attends. J'attends le verdict. Le jury se lève. Je n'atteindrai jamais trente ans. *Absolutely live. Absolutely dead.* Lorsque je m'éveille le ciel est d'un rouge vif. Ma gorge sèche. Amère. Lorsque j'émerge disloqué du puits profond du sommeil. *Les mots nous les connaissons. C'est la liberté de parole. Le mal n'est que dans les esprits.* Troubles de la mémoire. Souvenir décalé. Lorsque je m'éveille. Paris rejoint Miami dans la rumeur des bars de nuit.

*

Le bar est vide. Seul client. Milieu de matinée cotonneuse pour les rockeurs sanctifiés. Rive Droite. Seul client alignant les doubles scotches entre une corbeille de croissants nains et un sucrier sphérique en métal. Cet infirmier des alcools swinguant derrière son zinc peut-il imaginer les affres de celui qui souffre de troubles de mémoire ? Il scrute mon regard à la dérobée. *Arden lointain*. Dinah pleure après chaque consultation. Après chaque visite chez le spécialiste. Je lui cède. Elle veut croire que je puisse guérir de l'absolu abandon. Mais que peuvent-ils comprendre à l'homme-oiseau débordé par les mots ? À chaque fois je me tiens prêt à bondir par la fenêtre. Ptérodactyle inconscient et blessé. Que savent-ils de cette douleur ? C'est un mort vivant qu'ils interrogent. Qu'ils auscultent. Rudoient en vain. « Mais vous êtes NORMAL. » Je revois les lèvres minces si minces prononcer ce mot. N.O.R.M.A.L. Vague souvenir du réel. De la *normalité*. Seul mon passeport parfois me ramène à la RAISON. Mais je me méfie de ce nom frappé en lettres grasses. De ces tampons écrasés à l'encre baveuse. De cette photo méconnaissable. La mienne. Je ne me sens aucunement propriétaire de cet étranger où je survis. Espion de mon identité. THE SPY. *Récit d'un étrange témoin.* Bercé par les harpes éternelles dans une mer de doutes. *Toutes tes promesses douces et sauvages n'étaient que mots. Des oiseaux en vol. Sans fin.* Mon nom. J'entrevois une silhouette embuée dans le reflet des bouteilles. Dans l'immense miroir derrière le comptoir. Un des derniers véritables troquets parisiens. Bougnat. Charbon à domicile. Avec l'un des boulets je dessine des peintures de guerre. Indien urbain allumé au Woody Bourbon. Errant. Vaguant sans espoir. J'arrache une à une les pages du *Pariscope*. Traquant une salle qui programmerait un film d'Agnès Varda. Monde étrange. Images moites. Je brûle les pages dans le cendrier. Le barman essuie les verres. Les tasses. Il me laisse faire dans la douleur de l'avenir. Je pose quelques billets méticuleusement pliés sur le zinc. Et je sors fouler les quais blafards. Je fouille mes poches. Un scalpel luit un instant entre mes doigts. Opérer. Anatomie du rock. J'apporte ma contribution à la société. Au dur désir de durer dans les dédicaces du dialogue avec soi. Dispute seul à seul avec le mal de vivre. Et le Juge me convoque. Nul témoin sinon les policiers. Exhibition des parties génitales. Ah ! ça vous plairait. Ça vous plairait d'atteindre le soleil. Ça vous plairait de guetter. Traquer la bête jugée. Le fils immoral immolé sur les frustrations. Électricité à l'aine. Ça vous plairait fils de putes ! Créatures d'amidon figées. Renversées sur les quais de Seine. Oui. Moi aussi j'attends le soleil. Le bâtard sanguinaire. Je l'attends. Et ses tendres morsures. Et sa caravane espagnole dans mes veines. Star déchue. Piéton de Paris dans le pari du vide. Je suis l'accusé. Parties génitales offertes aux fidèles. *Go insane.* Un clavier cliquette sur mon squelette tiédi. *Go insane.* C'est pur *reality show*. Le mal de mal vivre. C'est ça ! Témoin du dernier saut. Là-haut à la crête de Notre-Dame. Dans le vide de la mémoire. Le dernier saut. L'ultime. C'est spécial. Le vol de l'ange au-dessus de Paris. Je ne sais que faire de mon corps définitif et poussière. Le jeter pardessus bord dans les reflets de Seine froide. Miroir déformant. Mon père le verrait dériver parmi ses silences. Ses aboiements. Flotter sur le ventre. Encore un procès. ROCK IS DEAD. À qui ai-je donc demandé le droit de vivre ? Le malheur de vivre réclame du temps. Une vaine énergie. La procédure du désespoir est sans appel. Nous traque dès le bac à sable. Culottes courtes. Écume aux lèvres. Maman berce son futur petit suicidé dans l'eau tiède de la baignoire. Là où je voudrais m'endormir. Paisible. Reposé de tout. M'évanouir du présent. Du passé. Du futur. Du toujours. ROCK IS DEAD. Centre de Paris. Nul témoin. J'ai acheté le jury. Ma défroque sans vergogne. Ma dépouille sans regrets. Dinah ! Dinah ! Bonne Samaritaine. Paumes ouvertes. Femmes de L.A. et d'ailleurs. Femmes en A. Pamela. Cynthia. Dinah. Un enfant blessé gesticule dans votre bas-ventre. Hurle de désir et murmure aux petites lèvres. Oui. Attaquez-moi. Je suis la victime expiatoire. L'eau sèche. L'eau aride. L'eau stérile me donne rendez-vous en France. Bord de

Seine. Il faut bien en finir dans un verre sans fond. Lassitude de la soif. S'achever comme un cheval-poète au galop sur les quais. On se découvre toujours une bonne raison pour le Grand Soir. Le Grand Saut. Vie fétu de paille dérivant parmi les photos du présent. Urgence ! Urgence ! Un touriste allemand s'accoude près de moi. Me dévisage un instant. Engage la conversation comme un tueur à gages. Prétend sans doute plonger en rappel dans un fleuve d'Old Woody Bourbon. Acharnement du Kentucky dans mon sang. Dans ma voix rauque. ROCK IS DEAD. Ses alcools. Ses dérives. Vendredi matin. Sur les ailes froissées des anges de Los Angeles. Ce voyage est fatigue. Lassitude suraiguë. Harmonica plaqué sur le blues des seuils incertains. C'est à se rouler sur les quais ! Pénis en berne. Femmes grenouilles et leurs cuisses fraîches au tribunal aquatique. N'y a-t-il donc personne à qui s'amarrer ? Plus de limites. Je revois le barman tendre son index verticalement sur ses lèvres. L'homme de Munich abrège les présentations. *Da-la-la.* Je balbutie. Fredonne des sons incertains. *Da-la-la.* Et tourne les talons. *Da-la-la.* Happé par la rue. Les piétons de midi. Les bandes magnétiques. *Da-la-la.* Une horde de poèmes jonchent le sol du studio. Décidément. Dur de lécher ses plaies comme autant de bouées en caoutchouc. Rustines de tendresse. Dinah ne supporterait pas de me voir ainsi. Cynthia sans doute me pousserait. Me ferait basculer par-dessus le parapet. « C'est pour ton bien. Mon petit. Mon prince d'amour. Mieux vaut en finir. » Dylan Thomas rampe à mes côtés sur les berges de la Seine. Les femmes de L.A. se déhanchent asynchrones face à nous. Dans la mémoire.

Dans la Nuit américaine. Dans la nuit pervertie au soleil de Paris. Paris Blues. Ombre humide des adieux. Les yeux voilés. Un détail toujours nous contraint à durer dans le spectacle des jours. Largué. Aspiré. *Le sol bondit comme les chiens pour happer des bribes de réel.* Sur cette Seine scène je m'empare du micro. Nos navires de mots voguant sous les arches grises. Monde lointain. Monde à venir. Trois femmes dont une suicidée escortent ma défroque dans les ruines de poussière. Hurlant de douleur dans les rues serpentines d'un Paris recroquevillé. Le présent caresse-t-il les plaies ? Appuie-t-il sur les croûtes bleuies ? Dinah me reproche ma PITIÉ. Cynthia réchauffe le labyrinthe de mes entrailles. Et Pam ! Et Pam ! Alcool gravant l'alerte au feu des cordes vocales. Un ticket entre les doigts je m'écroule dans le fauteuil d'un cinéma. Salle obscure. Yeux braqués sur l'écran. Guettant le ciel ou l'enfer. Comment devenir prophète ou poète ? Escroc des mots mercenaires plongeant dans le ciel du doute. Peu vous importe mon corps rongé sous terre. Ces femmes sifflant le blues entre mes côtes décharnées. *J'aimerais que les mots viennent à moi. Immaculés.* Un pépiement dans la paume de Bouddah. Qui peut admettre. Pardonner la renaissance ? La mosaïque du corps et de l'esprit. De la matière et de l'évanescence. La frontière. L'écran. La vaste blague de la survie. « T'es dingue ou quoi ? » Plan rapproché. Après la séance. Réveillé du coude par mon voisin. Je quitte le ventre noir de la salle et son placenta d'images. Le premier bar rencontré est un havre d'azur. Fontaine de jouvence. Mes doigts rivés sur la surface polie des verres. Trop lisses. Sur les seins nus transparents de l'alcool. Une serveuse à l'écoute distraite d'un étranger éméché. Aux propos incohérents. En équilibre sur l'abysse noir et blanc de la survie. Les mots balbutient d'en finir. À nouveau dans les palpitations de la ville. Basse bourdonnante. Bourbonnante. ROCK IS DEAD. Réfugié dans un photomaton. Cercueil vertical où les flashes crépitent. Éclairs d'identité. Visage livide jeté à l'eau du bain d'acide. Molécule chimique flottant à la croupe du fleuve. Une série de quatre photos sort du ventre grinçant de la machine. Qui donc peut bien se cacher derrière le quidam du macadam perdu à l'abri de ses lunettes noires ? Deux femmes m'attendent dans l'écrin des hôtels et je détruis le sujet de leur désir. Visage sans yeux. FIN au bas du générique. J'aime ces salles du Quartier latin. Onze entrées payantes pour la séance de 16 heures. Film noir et blanc. La main de Jack Palance se pose sur mon épaule. Ce n'est pas l'heure. Pas encore. L'heure du Grand Saut. Pourtant je passe. Je compte les jours. Les nuits suivantes. Quelle nation saurait reconnaître l'exhibitionnisme comme langage de survie ? *Absolutely live. Absolutely dead.* Les voitures sifflent sous les fenêtres de l'hôtel. Dinah tremble face à mon spectre. Je l'entretiens des cimetières. Des froides froidures. Des carnets brûlés de Venice. Des souvenirs d'une autre vie incertaine. Je lis la peur dans son regard. Mon corps est un étranger désespéré. Aliéné. Dans cet hôtel un chien hurle à la nuit. Je perds la notion du temps. C'est la fin. LA FIN ! Mes amis. Le monde et sa survie dépendent d'un compromis. Le studio est une caverne de tensions. Seul dans la nuit. Un micro dans la zizanie des nuits. Ceci est ton disque. Ceci est ton sang. Des générations le porteront sur leurs frêles épaules. Pilules de feu dans la tétanie des pupilles. Regard voilé. Dévoyé. Le désespoir vagabonde sur l'émail d'une baignoire. Le Grand Sommeil me guette dans la buée des hôtels. Sang indien. L'âme de ce chef Pueblo est de retour et se glisse dans les fibres de mon corps. Plane un instant au-dessus de lui. Corps étendu courbaturé en travers du lit. Il me dicte un poème à la chaux dans son dialecte. Sa langue ancestrale.

Je suis un squelette froid et blanc
épouvantail sur une colline
en avril
Le vent détend les arches
de mon Royaume osseux
Le vent traverse en sifflant mon esprit
et mon âme
Ma vie est un livre ouvert
ou une confession télévisée

L'alcool eau de feu est voix-voyage parmi les gargouilles grinçantes de Notre-Dame de Paris. Un beau jour. J'aimerais vraiment enregistrer un album de poèmes. Lire. Boire. Réciter. La vitre du studio répercutant mes invocations. Je suis en ville. Un poignard au fond de mes rêves. Qui peut comprendre cet abandon de soi ? Faut-il en rire ? En pleurer ? Gâcher ses dernières illusions ? L'essence même du blues sur les quais d'un fleuve bercé par Brecht. Villon. Verlaine. Le cerveau à vif de vivre à la mort subite. Je ferme les yeux. Et part à la renverse en travers du lit. Coma avancé. Bave aux lèvres. Le Grand Saut est reporté. La gargouille sourit à la nuit. Et m'attend. Et le rythme. *Da-la-la.* C'est ainsi. Dans l'infirmité de la mémoire. Les yeux se ferment. *Da-la-la.* Je devine les corridors déserts de cet hôtel. Un souffle glacial derrière mes paupières. Et enfin le sommeil. *Da-la-la.* Le sommeil. *Da-la-la.*

*

Encore une nuit paisible. Un long sommeil dans la dérive des temps. À la torche dans les galeries du cerveau. Lampe frontale braquée à l'intérieur des rêves. Ainsi ai-je croisé une déité égyptienne. Steppenwolf éructant « Born To Be Wild ». Une bande de mutants à califourchon sur un serpent céleste. Un gecko royal à sa suite. Un sanctuaire tibétain en flammes. Des Indiens Navajo me tendant un calumet infrarouge. Tout va bien. Dis-je. Une nuit calme en apparence. Peu de choses à signaler. Alcools dissous à l'aube avec les monstres. Chambre silencieuse. Quelques cassettes sur la table de chevet. J'appuie sur un bouton. Alice Cooper participant à une campagne anti-drogue. « Si j'en chope un seul à se shooter au *speed*. Je déboule aussitôt chez lui pour étrangler ses petits chiens. » J'appuie à nouveau sur la touche. À quelques détails infimes on sent certaines journées s'annoncer sous les meilleurs auspices. Il devient soudain loisible de caresser le chorus des heures à venir. Je me lève. La salle de bains est libre. Dinah déjà sortie. Mon père ne me poursuit plus une batte de base-ball à la main. Décidément tout va bien. Aucune vodka-cocktail au petit-déjeuner. Un sourire poli à la table d'à-côté. Les pommettes tout juste bouffies. Paupières alourdies.

Voix claire. Prête à l'enregistrement.

nous sautions le mur
nous errions dans le cimetière
de vieilles ombres nous cernaient
sans musique mais l'herbe humide
était fraîche sous la brume

My name is Mr. Mojo Risin. Toujours en vie et brodant des anagrammes sournois dans un grand éclat de rire. Tout va pour le mieux dans l'enceinte cyclothymique. *Je ne suis pas fou. Je m'intéresse à la liberté. C'est pourtant simple.* Il suffit de s'habituer à l'exil. Chicoutimi. Paris. Mexicali. Et se confier aux mots. Aux dessins tracés par les doigts entre les petits carreaux du papier. Carnet moiré noir et blanc relié toile. Et aux claviers dans les maisons louées ou les hôtels bordels en peluche fanfreluche rouge. Bière et tequila à portée de main. Le vocabulaire de Dionysos éclairant la mort du Rock. Mais la dépouille est tenace. Se réveillant la nuit pour graver des haïkus électriques dans l'obscurité. La grande télépathie. Paris est ville idéale pour délivrer l'ultime poème. Dans la rue même où vécut Baudelaire. Déjà tant de détails évanouis. Tant d'anecdotes à oublier.

L'idée de pureté une fois
née. Tout était perdu.
Irrévocablement.

Les rues m'appellent. Quartiers à découvrir en flânant. Lissant des vers sous la langue au rythme des pas. Oui. Décidément. Une bonne ville pour écrire est une ville pour piétons. À Los Angeles nous roulons sur quatre chaussures cylindriques. C'est une métropole pour la musique. Les écrivains ont tout intérêt à la fuir. Les phrases ne peuvent y mûrir. S'y déployer. Prendre leur envol. Rebondir comme à Paris dans les ruelles. Les impasses. Sous les portes cochères où l'on s'abrite d'une averse furtive. Les méandres du marais mènent aux musées. Au Club des Haschischins. Ils ont bâti cette ville et en ont brûlé les plans. Troquets. Estaminets. Il fait bon s'épancher de mots tenaces et rauques dans ces abreuvoirs de rigueur et d'abandon. Rêves du Jardin des délices. Des Hespérides enflammées. Les rues me répondent. Architecture pressentie. Oui. Une belle journée où survivre. Sursis. Puis la mort recouvrira cette illusion. Dinah m'attendra dans le hall de l'hôtel. Dans la chambre. Au bar. S'endormira inquiète. La commande du téléviseur aura glissé sous son corps. Zapping miroitant dans l'angoisse. Tandis que la nuit. Depuis longtemps est tombée. À nouveau ivre. Me voici prêt à suivre le premier inconnu assoiffé. Le premier zombie des rades apte à supporter mes foudres verbales. Mes frasques. Les cendres froides du poème.

*

Il pleut rue Beautreillis. Dans la fureur électrique. Je suis resté un long moment à contempler Dinah endormie. Belle morte gardienne du temple. De l'infirmerie de ma mémoire. Des décombres du grand rêve. Sans doute ne la reverrai-je jamais. Muse alanguie ébréchée de tendresse vaine. La porte claque derrière moi. Mes talons battent les marches. La mesure. Le hall désert de l'hôtel. Il pleut rue Beautreillis. *Errant. Vaguant dans la nuit sans espoir.* Parmi ces heures distendues qui reposent sur les trottoirs. Ruissellent dans les caniveaux. Une boule de feu traverse le corps. Où aller ? Une peur indicible me gagne. Je redoute ce corps qui m'entoure. M'encercle. Et semble tirer ma volonté hors de sa gangue. Oh ! comment se protéger de soi-même ? De ces pulsions aveugles qui hantent la chair. Enferment l'esprit. Plus loin. Un maître invective son chien. Le frappe de sa laisse en cuir. Je m'interpose. Enlace l'animal. Passe ma main dans sa fourrure. Lui flatte la croupe. Éclate en sanglots. Gouttes de pluie. Larmes. Je lui parle du pays où tout est permis. Le langage existe malgré l'homme. C'est l'intonation qui compte. Bordée d'injures pour le maître. L'ai-je vraiment frappé ? Il semble saigner du nez. L'ai-je renversé au pied d'un réverbère ? Bruit mat de son crâne contre le métal. Le chien jappe. La mort sourit dans l'ombre détrempée. Retrousse les babines. *Existerait-il un enfer plus insoutenable. Qu'ICI. Et MAINTENANT ?* Les jours anciens paraissaient à la fois si évidents et si troublants. Qu'avons-nous fait de notre révolte ? De la foudre des mots ? Nuit délavée. Vision panoramique des rues. Des quais. Des parkings étrangement déserts.

*

Pouvons-nous dissoudre le passé ?
Mâchoires crispées. Jointures du temps.

Un rôdeur. Un assassin. Hante la ville. Se réfugie dans une cabine téléphonique. Pluie incessante. Numéro griffonné à la hâte au dos d'un ticket de brasserie. Chambre 17. Cynthia. Cynthia. Mourrais-tu pour moi ? Avec moi ? Peu importe que tu sois seule ou non. Je repars dans la nuit. Relevant le col de ma veste. Grelottant. Je repars dans la nuit. Dans des gerbes d'eau où se reflètent troubles les feux clignotants. Une amulette indienne bat autour de mon cou. Dans ma course. Cheveux plaqués sous l'averse. Peau glacée. Maladie mineure. Je franchis la réception de l'hôtel. Une voix m'interpelle. Je ne me retourne pas. Néglige l'ascenseur. Cavale. Avale les marches vers elle. Tambourine à la porte 17. Elle ouvre. Un peignoir parme hâtivement jeté sur ses épaules. Son corps frêle. Ses seins si vivants sous le tissu éponge. Son regard tout juste étonné. À peine inquiet. Pas un seul de mes amis alors ne m'aurait reconnu. Mais me reste-t-il même le luxe de l'amitié ? Un jeune type me tourne le dos. Très jeune. Assis sur le lit. Il enfile hâtivement des bottes en lézard. Je ne comprendrai décidément jamais les désirs. Les espoirs des autres. À moins qu'ils ne coïncident avec les miens. Et c'est alors. Généralement. Que ça se gâte. Puis il me fait face. À la fois arrogant et craintif. Il devine la foudre dans mes doigts. L'éclair de mon regard. Hésite à se glisser entre mon corps et la chambranle de la porte. Il me frôle. Se jette dans le couloir sans un mot. Sans un regard pour Cynthia. Très calme. Qui saisit un paquet de cigarettes sur la table basse parmi des pilules. Des bijoux aztèques. Un tube de rouge à lèvres vert sombre. Le lit est nu. Draps et couvertures jonchent le sol. Mêlés aux habits de Cynthia. Combat rock. Je veux l'odeur de sa peau. L'exacte odeur des iguanes ludiques dans l'arène des étreintes froides. Jusqu'au sang. Je m'approche. Pose mon front humide au creux de son épaule. « Salaud » dit-elle calmement. Tendrement. « Salaud. Petit salaud. » Et elle glisse une main sous mon T-shirt trempé. « Salaud. Mon beau salaud. Embrasse-moi. » Et ses ongles acérés. Ses griffes dessinent de minuscules reptiles mauves sur la peau de mon dos. Elle me mordille le lobe de l'oreille. Me lèche le cou. *Tu piges. Ma viande est vraie.* Un frisson sous les habits mouillés. Les langues s'attisent sous l'œil géant de la nuit. Elle me déshabille lentement. Un espion nous guette. *Je suis vivant. Je meurs.*

*

Kharites. Mes trois Grâces. Qui hantent mes rêves pour traquer cet autre. Ce double qui joue de l'oubli. *Tant de choses oubliées. Tant de choses à oublier.* Cet autre qui rampe et rampe dans le cerveau. Ronge l'utopie du Roi Lézard. A.A.A. Femmes en A dansant nues sur scène. Autour du totem micro. Le corps en transe dans les amplitudes du rituel. Tant d'efforts pour me souvenir de mes rêves. Vitraux éclatants de lumière. Graffitis psychiques. Femmes en A. Femmes en A. Souvenez-vous de votre amant le serpent. C'est alors que je m'éveille en nage. Un monstre hirsute soudain apparaît en face de moi dans le miroir de cette chambre. Dans des profondeurs immémoriales. Petite mort de la jouissance. Petite mort du sommeil. La grande et belle mort est lent apprentissage.

Arrivés nus
nous repartons meurtris
pâte nue offerte
aux vers flasques et lents
du dessous

La fin approche et chaque aube est nouvel effroi. Une épave parfumée de l'enfer. Un flot d'images strie le regard. Le corps de Cynthia dans les flots des draps. La réalité dans ses courbes. Dans ses cheveux épars. La vie à contre-courant. Cette chambre d'hôtel est le cénotaphe de sécurité. Plein soleil au dehors. La Seine miroite à deux pas. *Peau ou cuir.* Cynthia couchée sur le ventre. Bras étendus. Je me couche sur elle. Épouse l'exacte position de son corps. Chevauchant la duperie. L'affront de vivre un rôle. Un univers dans chaque corps. J'entends son souffle paisible. Serpent lové contre la tendresse des fesses et la palpitation du sang. Voici la zone de survie. *Un grand danger.* Un grand recours. *Réside dans la courbe d'une cuisse.* Je ferme les yeux dans la moiteur de son cou. Des pochettes de disques défilent. Des caricatures d'espoir. *Go insane. Go. Le culte du Démon n'est pas plus insane que celui de Dieu.* Le temps est venu d'en finir. Douce Cynthia. Choisis l'heure. Le jour. Le lieu. Rendez-vous dans la fraîcheur des blessures. *Dans cette obscure caverne nous ne pouvons aller plus loin.* La voix du chanteur rebondit dans l'écho. Tempes en résonance. L'Amour *da capo*. The Seeds. « March of The Flower Children ». Nous avons jeté les fleurs de l'utopie dans l'urne funéraire du fleuve de nos vies. Ah ! rire des utopies, des attitudes,

des grandes idées ! Le corps de Cynthia un instant m'attache à cette douleur. À cette douceur. Les temps ont changé. La longueur des cheveux. La longueur des idées. Des utopies. Flots d'alcools. Audaces de la chimie. De l'agriculture. Cri sauvage. Jeté au pied du micro. Voici la fin. *La fin de tout ce qui a un sens. Ni salut. Ni surprise. La fin.* Des années plus tard. Pouvons-nous même imaginer ce que nous serions devenus ? Ce que chacun serait devenu ? Sans aucune limite ni entrave ? Rythme. Rythmique. Sonorité amérindienne. Je devine le public abasourdi à mes pieds. Par mes mots. Mes incantations. C'est la vie. LA VIE. Que je veux insuffler. Un monologue de survie à partager. Mantra. Nous restons bien surpris de ce que nous avons voulu exprimer. Les mots nous dépassent sur la bande d'arrêt d'urgence. Voici la fin. Le souffle de Cynthia. Son souffle haletant. Nos sexes joueurs. En levrette. À genoux parmi l'apocalypse. La chambre voisine conteste la jouissance. Cogne avec hargne contre la cloison. « Non mais ! C'est pas bientôt fini vos saloperies ! » Les brames. Les drames. Le foutre du mépris. Mort ou vif dans l'incompréhension du père. Mes parents n'ont à voir qu'avec ma dépouille. Mes cendres froides. La famille m'épie. Me rejette. Me revendique. Que savent-ils de mes secrets ? Du millier d'ombres qui freinent la VÉRITÉ ? Mourir à Paris est une signature d'exil. Obscénité de la violence. Je ne possède que mon corps nu et mon refus. Que mes mots résonant dans la poitrine. Ma révolte. Corps soudé à celui de Cynthia. *Jouer suppose des règles. S'amuser est une activité ouverte.* Les acteurs JOUENT. Les musiciens JOUENT. Les spectateurs JOUENT. Comme les animaux au centre de la clairière. Je veux mourir pour le jeu. NO FUN. Vivre. Mourir. C'est notion de frontières. De portes. De curiosité. QUOI ? Derrière la porte. Aliénations. Où vivre ? Asile = Prison. Asile = Abri. Mon corps hésite. Ce n'est qu'un putain de jeu ! Cynthia sous mon corps. Moi sous celui de Dieu. Celui de Dieu sous le poids de tous les morts depuis les débuts de la Création. Huis-clos du Jeu. Ce lit où je rampe sur un autre corps est tragédie. Esprit de la musique. Sexe dur douloureux entre ses cuisses. Psychanalyse du rock'n'roll. Délire lucide. Bien malin qui établira le diagnostic de cette encre ! Bien présomptueux celui qui tentera d'arracher les masques de Baudelaire. Franchira le guichet des paradis artificiels ! Une époque s'achève. Deux décennies durant l'humanité a eu sa chance. Et ils ont ri des larmes de sang. Réalisme économique. Être concret. Nouveau Monde. Computeurs. Compteurs. Compte à rebours. *Être star. C'est être traité comme morceau de viande.* La jeunesse est indestructible. Nous prenons tout cela beaucoup trop au sérieux. À qui donc aurions-nous des comptes à rendre ? À la société ? Au show-business ? À la cohorte de tous les dieux de toutes les religions ? De toutes les sectes ? À nos parents ? Nos ancêtres ? Au POUVOIR ? À tous les chacals qui supervisent nos frustrations ? Nous ne dirigeons que notre corps. Frêle esquif dans la tourmente. Notre vaine survie. Solitaires au sein même du carnage. C'est peut-être cela être un « politicien érotique » ? Qui sait ? Le corps de Cynthia sous mon corps. Belle endormie. Belle Ophélie. À quitte ou double. Un jour la vie devient caricature grossière. La scène se vide et me voici seul à danser. Chant rituel. Mourir à vingt-sept ans est un concept défendable. Séduisant. *Soft Parade. Soft Machine.* Tout jeu a une fin. Vie sans domicile fixe. La chair de Cynthia. Les éructations d'Antonin Artaud. Rengaine de cabaret. Rythmique rock. Pulsions blues. Ce corps sous mon corps. Nul décidément ne peut porter le fardeau à notre place. Cynthia. Mon sexe entre tes fesses me voici seul dans tes entrailles. Si seul dans ton demi-sommeil. Cynthia. *Tout cela s'est passé si vite. D'un point de vue historique. Cela ressemblera probablement à l'époque des troubadours. Incroyablement romantique. Regardez-nous. Nous sommes incroyables.* Le souffle. Cynthia. Le souffle de Cynthia. À la lisière des rêves. Sables lointains. Le sommeil me gagne à nouveau. Je rejoins Cynthia sur son atoll perdu. Lourdes paupières. Reptation. Nul regret. La tiédeur de son corps sous mon corps. Sueur froide. Être seuls au monde. Et guetter l'aube déjà dépassée. Rêver ne serait donc une solution ? Cynthia. Je vacille dans l'atropie. Gobé par la nuit en plein jour. Nul recours. Nul remords.

*

Car il faut en finir. Les yeux de Cynthia lisent l'oracle. Plongent dans le canal optique de mes yeux. Descendent jusqu'aux viscères. Caressent les prophéties. Le pressentiment. Un jour. Une personne possédée a sauté à l'écart de la foule et s'est mise à imiter un dieu. Un chaman danse autour du feu de nos vies. Il capte le fluide entre le monde des esprits et celui de la tribu. Ce fluide relie un instant nos regards. Nos mains se tendent pour atteindre la mort. Une bouteille de whisky Bushmill pour tout déjeuner. C'est le poème qui permet d'aller au plus loin. Mais les disques ont remplacé les livres. Semble-t-il. Ont remplacé les films. On peut écouter un disque plus d'une centaine de fois. Et pour un livre ? Combien de lectures ? Pour un film ? Et pourtant seuls les mots comptent. Seuls les livres. Il n'existe rien au monde de plus important que les carnets. Jetés. Brûlés. J'aurais économisé pour du penthotal. Me souvenir des carnets détruits. Dans un moment de désespoir et de rage. Devin. Lire l'ultime poème du dernier poète. Cynthia passe la main lentement sur mon visage moite. Panse mes plaies. Du baume sous les masques de l'alcool. C'est mon âme qu'elle effleure. Concession à perpétuité. Tu ne dois pas rôder dans les cimetières. Dit-elle. Des policiers en gardent l'entrée. Jour anniversaire. ROCK IS DEAD. Tu n'as rien à découvrir sous le marbre. Les pierres tombales tapissées de graffitis. Une Gibson SG Special repose dans le caveau et fait office de squelette. *J'aime avoir un son « mort ».* Cynthia. *Tant que je respire encore. La mort du rock signifie ma propre mort.* Cynthia. La fureur de mourir jeune. *La fin des rires et des doux mensonges. La fin des nuits où nous avons tenté la mort. Voici la fin.* Cynthia. Les forces me manquent. Je me traque. M'inflige l'auto-interview. À l'agonie sous les sunlights au centre du cirque de l'absurde.

*

From Nowhere
July 1993

Dinah Dear,

Recevras-tu cette lettre ? Les semaines ont passé. Je suis venue à votre hôtel. Tu étais partie sans laisser d'adresse. Tu avais très vite compris qu'il ne reviendrait jamais plus. J'ai fouillé ses papiers. Ses secrets. Ses mots. Je suis entrée dans ce dédale. Dans l'entrelacs de nos vies. Qu'espérais-je du tangage qui nous emportait ? Je me maquille. Je me grime. Je me travestis de ses mots. De ses rythmes. Avec perversité. Me roulant lascive. En pleurs. Dans l'écriture serrée de ses doigts. Comme une caresse ultime et tendancieuse. J'expédie cette lettre simultanément aux trois adresses improbables où je puisse espérer te joindre. Pourquoi t'écrire ? Te détester ? T'aimer ? Il nous a toutes aimées avec sincérité. Détachement. Passion. Il vivait des vies cloisonnées. Tu le sais. Avec sas de sécurité. Portes blindées. Étanches. Entre rêves et phantasmes. Souvenirs déformés et réalité frelatée. Mais il nous aimait sincèrement. Il nous aimait chacune totalement. Du fond de son égoïsme fidèle. Je t'écris surtout car son dernier carnet te revient. Il était persuadé que tu le retrouverais à sa mort. À sa « disparition ». Il l'espérait. Le souhaitait de façon confuse. Ai-je lu ces lignes ? Les ai-je vraiment lues ? Moi aussi cette maladie me gagne. Semble-t-il. Je deviens une sorte de lui-même. Je mue et me revêts de ses écailles. Nous avons écumé Paris nuitamment. De bar en bar. De part en part. Son corps épaissi avachi sur les comptoirs. L'œil torve contemplant les badauds. Contemplant les bouteilles alignées derrière les barmen affairés. Traitement de choc. J'ai vomi mes rêves. Mes dernières illusions. Ma jeunesse moribonde à chaque aube. Lui affalé sur un banc public. Sur les trottoirs. Sous les réverbères. Ânonnant le blues. Quand je me suis réveillé ce matin. Je me suis servi une bière. Le futur est incertain et la fin toujours proche. *L'abandon. La grande fatigue. Le souffle sifflant. Crachant du sang dans les caniveaux. Les baignoires des hôtels. À quoi bon lutter sans ennemi ? Sinon soi-même ? Sinon l'hydre hystérique et insaisissable de la société ? Nous cherchions une once d'ombre d'espoir au fond de nos verres glacés reposant sur les zincs. Nous avions bien essayé de fixer des règles. Des contraintes. Mais toujours nous nous perdions dans les effluves de l'alcool. Même si l'accoutumance nous permettait toutes les audaces. Toutes les folies. Trou sans fond. Je mouillais mon index. Le faisait crisser au bord des verres. Au fond. Les silhouettes déformées de Janis. De Jimi. D'Al. De Brian. De nos amis proches. Teddy. Peggy. Allen. Dominique. Raymond. Et tous ces djinns tanguaient. Entreprenaient une folle sarabande au goulot même du découragement. De l'abandon. Ils dansaient sur la scène de verres. Nous attirant par de petits signes de la main. « Rejoignez-nous ! » disaient-ils. « Rejoignez la parade funèbre ! » Oui. Nous étions perdus. Égarés dans les méandres du désespoir. Brisés. Je le protégeais en dépit du feu qui me dévorait. Qui le consumait. Mais c'était la fin. L'étape après l'ultime étape. Dinah. Il faut me croire. La fin de la fin. Je trouvais tous les subterfuges pour l'empêcher de pénétrer le cimetière. 6e Division. 2e ligne. 5. De franchir le mur. L'enceinte. Messe nocturne parmi les lucioles. Bacchanales d'ombres et de bougies. Les esprits dansant parmi les amants inconscients. Oui. J'aurai tout essayé malgré ma propre déchéance. Ma propre chute. Toussant du sang. Les bronches en alerte permanente.*

Moi aussi. C'est une grande fatigue Dinah. Une profonde lassitude. Il faut me croire Dinah. Il repose en un lieu secret. Où bientôt je le rejoins. Parmi les mots. Les illusions galvaudées. Les solos acides des guitares. J'emporte le secret. Une partie du secret. Avec lui. Je le rejoins dans sa retraite. Dans son antre. Nul plus jamais n'entendra parler de nous. Tous deux au repos pour l'éternité. La lourde pierre crisse au-dessus de nous. Comme notre doigt au bord des verres. Nous serrons nos mains avec angoisse et soulagement. La pierre grince et se fige avec un bruit mat dans les encoignures. Nous nus dans notre tombeau pour une dernière étreinte. Et il te reste ce carnet Dinah. Ce carnet. Ton héritage. Il suffit de téléphoner de nuit au numéro indiqué. L'amie qui te répondra postera le carnet à l'adresse que tu lui préciseras. Voilà. Dinah. Inutile de frapper à la porte. Entre réalité et utopie. Je dors près de lui. Contre lui. Sous lui. Sur lui. Je veille sur lui. Je repose parmi ses ultimes poèmes. Sa maladie. Pour toujours. Le bal des doubles. Ce voyage circulaire est celui du serpent qui se mord la queue. Et s'injecte son propre venin.

Why do I drink ?
So that I can write poetry.

Seuls les mots importaient Dinah. Il t'a aimée jusqu'au dernier souffle. Dinah. Jusqu'à la fin. LA FIN. Dinah. LA FIN.

Adieu Dinah.
With love.
Cynthia.

Il conviendra de rendre quelques lambeaux de phrases, plus ou moins identifiables, à :

Michael McClure / William Blake / Bob Dylan / Allen Ginsberg / Dashiell Hedayat / Patrick Straram le Bison Ravi / Denis Vanier / Federico García Lorca / Hart Crane / Friedrich Nietzsche / Digby Diehl / Bernard Pozier / Sophie Podolski / Marilyn Monroe / Joris-Karl Huysmans / Bob Kaufman / Jim Aubrey / Kenneth Gangemi / Raymond Federman / Arthur Rimbaud / Charles Baudelaire / Jim Douglas Morrison

de JEUDI
JIM

JIM

REPÈRES BIOGRAPHIQUES

Décembre 1941. Steve Morrison fait la rencontre de Clara Clarke à un bal de la marine, à Hawaï. Le couple se marie en avril de l'année suivante.

1943. *8 décembre, 11 h 55 :* naissance de James Douglas Morrison à Melbourne (Floride). L'enfant sera surnommé Jim.

1943-1946. Militaire de carrière, Steve Morrison, en mission dans le Pacifique, vit éloigné de sa famille.

1947. Naissance d'Anne, sœur de Jim.

1947. « Le moment le plus important de ma vie. » Aux environs d'Albuquerque (Nouveau-Mexique), Jim, âgé de 5 ans, est confronté à un accident de la circulation où des Indiens Pueblo sont blessés ou agonisants. Jim prétendra que l'âme d'un des Indiens morts se serait réfugiée en lui.

1949. Naissance d'Andy, frère de Jim.

1954. *Mai :* premier poème rédigé, « The Pony Express ».

1957. Après deux années passées au Nouveau-Mexique, les Morrison s'installent en Californie du Nord. L'île d'Alameda est la neuvième résidence connue par Jim, alors âgé de 13 ans. Début d'une frénésie de lecture (Kerouac, les auteurs de la Beat Generation, les philosophes grecs présocratiques, etc.).

Jim fréquente City Lights, la librairie de Lawrence Ferlinghetti. Son professeur d'anglais déclarera : « James Morrison était le seul de la classe à avoir lu – et compris – *Ulysse* de Joyce. »

1958. *Décembre :* Jim passe de Californie en Virginie, pour habiter Alexandria. Lecture passionnée de Rimbaud, Nietzsche, mais aussi de traités de démonologie. Il tient un journal.

1960-1963. Jim est confié à ses grands-parents en Floride. Entrée à l'université (Tallahassee). Élève doué mais indiscipliné, passionné de littérature (William Blake, etc.), d'histoire de l'art et de philosophie (l'inconscient collectif, etc.), il continue d'écrire notes et poèmes dans des carnets qu'il porte presque toujours sur lui. Première approche de l'alcool en 1961. Il étudie Artaud, Brecht et Stanilavski, et interprète un rôle dans la pièce d'Harold Pinter, *The Dumwaiter*.

1964-1965. Étudiant en cinéma à Los Angeles. Amitié avec Dennis Jakob, futur assistant de Francis Ford Coppola sur *Apocalypse Now*. Avec Dennis, Jim s'amuse à imaginer un duo de rock sous le nom de The Doors : Opened and Closed. Écrits sur le cinéma. Chamanisme. Premières expériences aux hallucinogènes. Son film de fin d'études crée un petit scandale et choque autant professeurs que la plupart des étudiants. Diplômé, Jim voit ses parents pour la dernière fois.

1965. Écriture frénétique de poèmes et chansons. *Juillet :* Jim et Ray Manzarek (claviers) créent The Doors avec John Densmore (batterie) et Robby Krieger (guitare). Jim propose de nommer le groupe The Doors, en hommage à William Blake et Aldous Huxley. Jim rencontre Pamela Courson, son égérie, née près d'une montagne sacrée des Indiens, détail important pour lui. Le groupe répète cinq jours par semaine mais ne parvient pas à trouver un bassiste capable de s'adapter à un son déjà bien rodé.

1966. Premier engagement au London Fog, à Los Angeles, sur Sunset Strip. Ray découvre le clavier basse Fender qui lui permet de résoudre le problème du bassiste et assure un son très spécifique au groupe. Expérience du LSD et du nitrate d'amyle. Jim évite la guerre au Vietnam. *23 mai au 21 août :* les Doors deviennent groupe résident au prestigieux Whisky à Go Go, toujours sur le Sunset Strip. Jim Morrison côtoie Van Morrison (son homonyme irlandais, alors chanteur du groupe Them), Captain Beefheart, Eric Burdon, et des groupes comme Love, The Byrds, Buffalo Springfield et The Seeds. *Août :* contrat avec le label Elektra fondé par Jac Holzman. *Septembre :* dans les premiers documents de promotion, Jim prétend que ses parents sont morts. *31 octobre :* les Doors sur scène à New York.

1967. *4 janvier :* parution du premier album, *The Doors*, produit par Paul Rothchild. Ce disque sera le seul à pouvoir lutter pour la première place au *Billboard* avec le *St. Pepper's Lonely Hearts Club Band* des Beatles. Succès au célèbre Fillmore Auditorium de San Francisco. *Juillet :* le 45 tours « Light My Fire » se vend à plus d'un million d'exemplaires. Steve Morrison devient le plus jeune amiral de la marine américaine. *17 septembre :* Jim défie la censure télévisée au « Ed Sullivan Show ». *25 septembre :* deuxième album, *Strange Days*, qui remporte un énorme succès autant public que critique (*Newsweek, Time, Life, Vogue, The New York Times...*). Célèbres séances de photos avec Gloria Stavers puis Joel Brodsky. Jim Morrison devient un véritable sex-symbol. Les médias le comparent à James Dean, Marlon Brando, mais aussi à Dionysos et Adonis. *9 décembre :* à New Haven (Connecticut), Jim

Morrison devient le premier chanteur de rock arrêté sur scène. Malgré le succès phénoménal du groupe, Morrison est lassé de l'exploitation commerciale de son image. Il menace de quitter le groupe et se réfugie encore davantage dans l'alcool.

1968. Les Doors inaugurent leurs bureaux. Tournage du documentaire *Feast of Friends*. Bill Siddons (19 ans) est nommé manager général des Doors. *12 juillet :* troisième album, *Waiting for the Sun*. Les textes sont plus engagés (« The Unknown Soldier » et « Five to One »). Morrison voulait intituler l'album *The Celebration of the Lizard* et consacrer une face entière à la composition du même nom, mais le groupe s'y oppose. « The Celebration of the Lizard » n'apparaîtra finalement que sur l'album *Absolutely Live*. Le 45 tours « Hello, I Love You », en tête des ventes, franchit le million d'exemplaires vendus. Concerts triomphaux mais souvent houleux. Jim se lie d'amitié avec le poète beat Michael McClure. *3 au 21 septembre :* tournée européenne (Londres, Francfort, Amsterdam, Copenhague et Stockholm). Cette tournée restera l'unique apparition scénique européenne des Doors avec Jim Morrison, excepté leur prestation au festival de l'île de Wight en 1970. Le groupe ne se sera donc jamais produit en France avec son chanteur. Michael McClure conseille à Jim de publier sa poésie en édition limitée avant de la livrer à l'édition « commerciale ». *Octobre :* premier recueil de poèmes auto-édité, *The New Creatures*.

1969. Les Doors sont salués comme les « Beatles de l'Amérique ». Devenus le plus grand groupe du pays, ils ne se produisent plus dans des salles inférieures à 10 000 places. Jim est furieux contre ses musiciens qui vendent sans son avis la chanson « Light My Fire » pour un spot publicitaire au profit de Buick (slogan : « Come on, Buick, light my fire ! »). *25 février :* session studio historique aux Sunset Sound Studios de Los

Angeles : enregistrement de la version de 21' 12" de « Rock is Dead ». Une session d'enregistrement de poèmes a lieu peu après, en mars. Jim est fortement impressionné par une suite de prestations scéniques du Living Theater. *3 mars :* concert du scandale à Miami, Floride, pays natal de Jim, devant 12 000 spectateurs. « Pas de règles, pas de limites. » Accusé de « conduite impudique sur scène, d'exhibition indécente, d'obscénité et d'ivresse publique », Morrison risque sept ans de prison. Mandat d'arrêt lancé par le FBI. Séjour en Jamaïque. *3 et 4 avril :* de retour aux États-Unis, Morrison règle une caution de 5 000 $ pour rester en liberté. Le groupe est interdit de scène un peu partout dans le pays et diverses stations de radio cessent de programmer ses disques. *Avril :* second livre auto-édité, *The Lords (Notes on Vision)*, dédié à Pamela. Ce recueil est constitué de poèmes et de notes consacrées notamment au cinéma. *Mai-juin :* réalisation du film *HWY*, en collaboration avec Paul Ferrara, Babe Hill et Frank Lisciandro. *Fin juin :* concerts à Mexico. *4 juillet :* Brian Jones, guitariste rythmique des Rolling Stones, meurt dans la piscine de sa maison, dans le Sussex. Fortement marqué par cette disparition, Jim lui dédie une ode. *18 juillet :* quatrième album, *The Soft Parade*. Lourdement influencé par Robby Krieger, ce disque est le moins unifié du groupe et aussi le moins bien accueilli. Tournée américaine parfois rocambolesque, les musiciens étant sous la menace permanente d'une arrestation. Le procès est renvoyé à avril 1970. *11 novembre :* scandale dans un avion à destination de Phoenix (Arizona). Arrêté par le FBI, Morrison est désormais passible de treize années de prison.

1970. *Février :* cinquième album, *Morrison Hotel* (véritable nom d'un hôtel des bas-fonds de Los Angeles), disque d'or en mars. *Avril :* les prestigieuses éditions new-yorkaises Simon

& Schuster regroupent les deux premiers ouvrages de Morrison sous le titre *The Lords and the The New Creatures*. *Juin :* mariage wiccan (officieux, mais « sacré ») avec Patricia Kennealy. *Été :* premier voyage à Paris. Jim visite la ville avec son ami Alain Ronay. Parution du double album *Absolutely Live*. *6 août :* procès au palais de justice de Miami, État de Floride contre James Douglas Morrison, affaire n° 69-2355. Le procès va durer jusqu'en septembre. *29 août :* les Doors autorisés à se produire au festival de l'île de Wight. Le groupe joue à 2 heures du matin, juste avant les Who. Jim déclare qu'il chante pour la dernière fois en public hors d'une salle. *18 septembre :* mort de Jimi Hendrix, à Londres, à l'âge de 27 ans. Jim déclare : « Quelqu'un croit-il aux présages ? » *4 octobre :* mort de Janis Joplin, à Hollywood, à l'âge de 27 ans. Très affecté par les disparitions de Jimi et Janis, Jim déclare devant des amis : « Vous êtes en train de boire avec le n° 3. » *Octobre :* condamnation par le juge Murray Goodman (travaux forcés et empisonnement). L'avocat Max Fink interjette appel (caution de 50 000 $). Les Doors interdits de concerts dans une vingtaine d'États. Nouvelle violente dispute avec Pamela qui quitte le chanteur et s'envole pour Paris (liaison avec le comte Jean de Breteuil). Patricia Kennealy avorte d'un enfant de Jim. *8 décembre :* pour fêter son 27e (et dernier) anniversaire, Jim enregistre une session de poésie au Village Recorders avec quelques amis, dont Alain Ronay. Cette session sera utilisée pour l'album posthume *An American Prayer*, en 1978. Sous ce même titre, Jim fait auto-éditer un nouveau recueil de poésie. *12 décembre :* ultime concert avec les Doors, à La Nouvelle-Orléans. Pamela de retour à Los Angeles.

1971. Enregistrement de l'album *L.A. Woman* dans les locaux mêmes des Doors (8512 Santa Monica Boulevard). Suite à un conflit avec Paul Rothchild, le groupe produit lui-même le disque, avec l'aide de l'ingénieur du son Bruce Botnick. Jim et Pamela décident de partir en exil à Paris, Jim projetant d'y écrire. *L.A. Woman* est le dernier album contractuellement dû par le groupe au label Elektra. *14 février :* Jim conduit Pamela à l'aéroport, destination Paris. Ses adieux à Los Angeles sont épiques. *13 mars :* Jim retrouve Pamela à Paris. Le couple sous-loue un appartement situé au 17, rue Beautreillis, dans le Marais. Intense activité d'écriture. Jim renoue contact avec la réalisatrice Agnès Varda et Jacques Demy, qu'il avait rencontrés en 1968. *26 avril :* parution américaine de *L.A. Woman*, avec un Jim Morrison pour la première fois barbu sur une pochette d'album. Énorme succès tant public que critique. *Avril :* Pamela et Jim en Espagne et au Maroc. À leur retour, longues promenades solitaires de Jim qui hante les bars et les clubs de la capitale, dont le Rock and Roll Circus, fréquenté par les musiciens anglo-saxons... et les dealers en tous genres. *7 mai :* expulsé du Rock and Roll Circus, Jim est pris en charge par Gilles Yéprémian, un ami du journaliste Hervé Muller, qui le conduit chez celui-ci. Hervé Muller consacrera deux ouvrages à Jim Morrison. Jim et Pamela effectuent un voyage d'une dizaine de jours en Corse. *Juin :* état dépressif et santé chancelante. *3 juillet :* décès de Jim Morrison à Paris (selon toute vraisemblance au Rock and Roll Circus, vers 2 heures du matin), dans des conditions longtemps restées mystérieuses. Son corps est retrouvé par les pompiers à 9 h 20 dans la baignoire de l'appartement de la rue Beautreillis. *6 juillet :* après concertation avec Ray Manzarek à Los Angeles, Bill Siddons se précipite à Paris pour vérifier la rumeur de la disparition. *7 juillet :* inhumation de Jim Morrison au cimetière du Père-Lachaise (division 6 – rangée 2 – allée 5). Cinq seuls témoins assistant à l'enterrement : Pamela Courson, Bill

Siddons, Alain Ronay, Agnès Varda et Robin Wertle. *9 juillet, à Los Angeles :* annonce officielle de la mort de Jim Morrison.

Nuit du 24 au 25 avril 1974. Pamela Courson (27 ans) décède d'une overdose d'héroïne à Hollywood.

Beauvais.
Pam & Jim

HUIT POÈMES DE JIM MORRISON

traduits de l'américain
par François Tétreau

DRY WATER

The velvet fur of religion
The polish of knife handle & coin
The universe of organic gears
or microscope mechanical
embryo metal doll
The night is a steel machine
grinding its slow stained wheels
The brain is filled w/clocks, & drills
& water down drains
Knife-handle, thick blood
like the coin & cloth
they rub & the skin they love
to touch

the graveyard, the tombstone,
the gloomstone & runestone
The sand & the moon, mating
deep in the Western night
waiting for the escape
of one of our gang
The hangman's noose is a
silver sluice bait
come-on man
your meat is hanging
on the wing of the raven
man's bird, poet's soul

L'EAU ARIDE

Le poil velouté de la religion
Le verni du canif, du manche et de l'écu
L'univers d'engrenages organiques
ou du microscope machinal
fœtus d'un pantin de métal
La nuit est un engin d'acier
qui broie ses lentes roues impures
L'esprit est plein de chronos et de vrilles
et d'eau coulant dans les rainures
Manche de canif, sang lourd
comme le fric et le linge
qu'ils frottent, comme la peau qu'ils aiment
à toucher

Le cimetière, la pierre tombale,
la pierre d'amertume et la runique
Au sein de la nuit occidentale,
le sable et la lune copulent
en guettant l'évasion de
l'un de notre gang
La corde du bourreau
est un hameçon d'argent
viens, secoue-toi
ta carne pendouille
à l'aile du corbeau
l'oiseau de l'homme, la conscience du poète

Shhhhhhhhhhhh
the thin rustle of weeds
the voice comes from faraway
inside, awaiting its birth
in a cool room, on tendril bone
The insane free chummy cackle
of infants in a ballroom, of a
family of friends around
a table, laden w/feast-food
soft guilty female laughter
the bar-room, the men's room
people assemble to establish
armies & find their foe
& fight

Shhhhhhhhhhhh
le fin bruissement des broussailles
la voix vient de très loin,
dedans, elle attend sa naissance
dans une chambre froide, sur un filament d'os
Le libre, le fol, l'aimable verbiage
des enfants dans la salle de bal et celui
d'une famille d'amis près
d'une table dressée pour le festin
le doux rire contrit d'une femme
le bar boudoir, toilettes des hommes
des gens se réunissent pour lever
des armées, trouver leur rival
et se battre

We scaled the wall
We tripped through the graveyard
Ancient shapes were all around us
No music.
But the wet grass felt fresh beside the fog

Two made love in a silent spot
One chased a rabbit into the dark
A girl got drunk
And balled the dead
And I gave empty sermons to my head

Cemetery
Cool and quiet
Hate to leave your scared lay
Dread the milky coming of the day

I'd love to stay
I'd love to stay
I'd love to stay

Nous sautions le mur
Nous errions dans le cimetière
De vieilles ombres nous cernaient
Sans musique, mais l'herbe humide
Était fraîche sous la brume

Un couple s'étreignait dans une onde de silence
On chassait le lapin dans les ténèbres
Une fille saoule baisait le mort
Et je m'adressais des sermons inutiles

Cimetière paisible et silencieux
Je ne veux pas quitter
Ta couche sacrée
Je crains la laiteuse venue du jour

J'aimerais tant rester
J'aimerais tant rester
J'aimerais tant rester

Lament for my cock
Sore and crucified
I seek to know you.
Acquiring soulful wisdom,
You can open walls of mystery,
Stripshow.

How to acquire death in the morning show.
TV death which the child absorbs
Deathwell mystery which makes me write
Slow train, the death of my cock gives life.

Forgive the poor old people who gave us entry
Taught us god in the child's prayer in the night.

Guitar player,
Ancient wise satyr,
Sing your ode to my cock.

Caress its lament,
Stiffen and guide us, we frozen.
Lost cells,
The knowledge of cancer,
To speak to the heart
And give the great gift
Words Power Trance

Complainte pour ma queue
Douloureuse et crucifiée
Je cherche à te connaître.
Obtenir une sagesse intuitive,
Tu peux percer les murs du mystère,
Exhibitions.

Comment saisir la mort au programme du matin.
TV de mort dont l'enfant s'imbibe
Mystère à source de mort qui me fait écrire
Train lent, la mort de ma queue donne vie.

Pardonne aux vieilles et pauvres gens qui nous ont introduits
et nous ont inculqué dieu par la prière nocturne de l'enfant.

Guitariste,
Ancien satyre serein,
Joue ton ode pour ma queue.

Caresse sa complainte
Rigide et guide-nous qui sommes givrés.
Cellules perdues,
La science du cancer,
Pour parler au cœur
Et présenter l'offrande :
Mots Pouvoir Transse

This stable friend and the beasts of his zoo,
Wild haired chicks,
Women flowery in their summit,
Monsters of skin.
Each color connects
        to create the boat
                which rocks the race.
Could any hell be more horrible
                        than now
                                and real ?

I pressed her thigh and death smiled.

Death, old friend,
Death and my cock are the world.
I can forgive my injuries in the name of
Wisdom Luxury Romance

Sentence upon sentence
Words are healing lament
For the death of my cock's spirit
Has no meaning in the soft fire.
Words got me the wound and will get me well,
If you believe it.

All join now and lament for the death of my cock
A tongue of knowledge in the feathered night.
Boys get crazy in the head and suffer,
I sacrifice my cock on the altar of silence.

Cet ami d'écurie et les bêtes de son zoo,
Cheveux violents des filles,
Femmes radieuses dans leur triomphe,
Monstres de chair.
Chacune des couleurs s'accouple
pour créer le bateau
qui bercera la course.
Quelque enfer pourrait-il être plus effroyable
et concret
qu'aujourd'hui ?

Je pressai sa cuisse et la mort sourit.

Mort, vieille amie,
La mort et ma queue sont le monde.
Je puis pardonner pour mes plaies
à travers les signes de
Sagesse Luxe Idylle

Phrase après phrase
Les mots sont une complainte apaisante
Car la mort de l'esprit de ma queue
N'a plus sens dans la flamme douce.
Les mots furent blessures puis ils me soulageront,
Si tu le crois.

Que tout se mêle et soupire à présent
pour la mort de ma queue
Une langue de savoir dans la nuit empennée.
La folie gagne l'esprit des gars qui souffrent
Je sacrifie ma queue sur l'autel du silence.

Bourbon is a wicked brew, recalling
courage milk, refined poison
of cockroach & tree-bark, leaves
& fly-wings scared from the
land, a thick film : menstrual
fluids no doubt add their splendour.
It is the eagle's drink.

Le bourbon est une sale mixture qui rappelle
le lait des braves, un venin distillé à base
de cafards et d'écorce, de feuilles
et d'ailes de mouche glanés au
sol, une pellicule épaisse ; les menstrues
sans doute y joignent leur pourpre.
C'est l'alcool de l'aigle.

A natural leader, a poet,
a Shaman, w/the
soul of a clown.

What am I doing
in the Bull Ring
Arena
Every public figure
running for Leader

Spectators at the Tomb
— riot watchers

Fear of Eyes
Assassination

Being drunk is a good disguise.

I drink so I
can talk to assholes.
This includes me.

Un leader-né, un poète,
un chaman, ayant
la fantaisie d'un pitre.

Qu'est-ce que je fais
dans cette arène
à corridas
Chaque personnage public
se veut un chef

Les spectateurs devant la Tombe
— fervents d'émeutes

Phobie des Yeux
Assassins

L'ivresse est un masque de choix.

Je bois donc je peux
parler à ces trous d'cul.
Dont je suis.

Why do I drink ?
So that I can write poetry.

Sometimes when it's all spun out
and all that is ugly recedes
into a deep sleep
There is an awakening
and all that remains is true.
As the body is ravaged
the spirit grows stronger.

Forgive me Father for I know
what I do.
I want to hear the last Poem
of the last Poet.

Pourquoi je bois ?
Un état pour écrire la poésie.

Parfois quand tout vire et se dilue,
que toute laideur reflue vers
un sommeil sans fond
Il se produit un éveil et
tout ce qui reste dit vrai.
Tandis que le corps trinque
l'esprit gagne en force.

Père, pardonne-moi car je sais
ce que je fais.
Je veux entendre le dernier Poème
du dernier Poète.

Why the desire for death.

A clean paper or a pure
    white wall. One false
line, a scratch, a mistake.
Unerasable. So obscure
by adding million other
    tracings, blend it,
cover over.

But the original scratch
remains, written in
gold blood, shining.

Desire for a Perfect Life.

Pourquoi le désir de mort.

Une page vierge ou un mur lisse
  et blanc. Une phrase
biffée, une rature, un repentir.
Indélébile. Surchargée
par l'ajout d'un millier d'autres
  signes qui s'y mêlent,
la recouvrent.

Mais la rature initiale,
écrite au sang d'or,
subsiste, et brille.

Un désir de Perfection.

Iggy Pop sur scène à Los Angeles, en 1974.
(Photo © by Gijsbert / Redferns)

Jean-Luc Debattice et Jean Riccobono sur scène,
interprétant le spectacle *Les Indomptés*
tiré de *Jim Morrison ou les Portes de la perception*
de Jean-Yves Reuzeau.
Récitals donnés au Havre, à Tulle, Angers, Pantin et Paris,
ainsi que dans plusieurs prisons en Provence.

DISCOGRAPHIE

LES DOORS AVEC JIM MORRISON

The Doors (Elektra, 4 janvier 1967)
Strange Days (Elektra, 7 octobre 1967)
Waiting For The Sun (Elektra, 11 juillet 1968)
The Soft Parade (Elektra, 18 juillet 1969)
Morrison Hotel (Elektra, 1er février 1970)
Absolutely Live (Elektra, 27 juillet 1970)
L.A. Woman (Elektra, 26 avril 1971) L'édition du 40e anniversaire propose sur un second CD avec l'inédit « She Smells So Nice » et huit prises alternatives jamais publiées (Elektra, février 2012)

Album posthume

Jim Morrison, *An American Prayer,* musique additionnelle des Doors sur une session de poésie de Jim Morrison enregistrée par John Haeny le 8 décembre 1970. (Elektra, novembre 1978 ; édition CD le 23 mai 1995)

LES DOORS SANS JIM MORRISON

Other Voices (Elektra, 25 octobre 1971)
Full Circle (Elektra, juillet 1972)
Les deux albums ont été réunis sur un seul CD pirate (juillet 2003).

FILMOGRAPHIE

FILMS RÉALISÉS PAR JIM MORRISON

(seul ou en collaboration)

Break on Through
Durée : 2'25''. 16 mm, couleur. Film promotionnel produit par Elektra.

The Unknown Soldier
Durée : 3'10''. 16 mm, couleur. Film promotionnel produit par Elektra. De Mark Abramson et Edward Dephoure.

Feast of Friends
Durée : 38'20''. 16 mm, couleur et N & B, 1969. Documentaire coproduit par les Doors (filmé entre avril et septembre 1968, complété en 1969). Harrison Ford participe au film en tant que menuisier ; il apparaît portant une caméra.

HWY (HiWay, An American Pastoral)
Durée : 50'20''. 35 mm, couleur, 1969. Coréalisation avec Paul Ferrara, avec la collaboration de Frank Lisciandro et Babe Hill.

FILMS CONSACRÉS AUX DOORS ET À JIM MORRISON

The Doors are Open. 1968.
Durée : 110'. De John Sheppard. À la Roundhouse de Londres, le 6 septembre 1968. DVD couplé avec *The Stones in the Park*, Gravity, 2010.

The Doors Live at the Hollywood Bowl.
Durée : 68'. CIC / MCA Home Video, 4 juillet 1968. DVD Universal, 1997.

The Soft Parade / A Retrospective (1969).
MCA Home Video, 1991, Universal Video, 1997.

The Doors. Live In Europe 1968.
Durée : 58'. De Paul Justman et Ray Manzarek. CBS-Granada-Prophil International. DVD Eagle Vision, 2000.

Dance On Fire / Classic Performances & Greatest Hits.
Durée : 65'. Universal / MCA Home Video, 1985 ; Universal Video, 1997.

In Concert (1968).
Durée : 52'. CBS- Granada.

The Doors – No One Here Gets Out Alive. A Tribute To Jim Morrison.
Durée : 60'. Warner Home Video, 1981. DVD Universal, Eagle Vision, 2005.

The Doors.
Film d'Oliver Stone. Avec Val Kilmer. Durée : 134'. Columbia Tristar, 1991. L'édition Deluxe contient 2 DVD (le premier comprend le film + le commentaire du réalisateur + des bandes annonces ; le second comprend une interview filmée de 30' de Philippe Manœuvre + divers bonus). Une édition « 15 th Year Anniversary Edition », Lions Gate, est parue en 2006. Une édition Studio Canal « 20e Anniversaire. Édition spéciale » est parue en 2011.

The Doors : A Celebration (VH1 Sorytellers).
Durée : 75'. Image Entertainment / Warner Vision, 2001.

The Doors – 30 Years Commemorative Edition.
Durée : 185'. Contient : *The Doors : Live at the Hollywood Bowl* + *The Doors : Dance on Fire* + *The Doors : The Soft Parade A Retrospective* ; Universal, 2001.

The Doors – Soundstage Performances.
Durée : 120'. Eagle Vision / Universal, 2002.

The Doors of the 21st Century : L.A. Woman Live.
Avec Ian Astbury, Ray Manzarek et Robby Krieger. Durée : 102'. Juillet 2004.

Inside The Doors 1967-1971.
Réalisation : John Tobler. Durée : 116'. Coffret cartonné, 2 DVD + livret. Edgehill Publishing Ltd, Music Reviews Ltd, 2005.

The Doors. Total Rock Review.
Durée : 109'. Cornerstone Media, 2006.

The Doors (Classic Albums).
Durée : 88'. Eagle Vision, 2008.

The Doors. From the Outside.
Durée : 139'. Chrome Dreams / MVD, 2009.

The Doors Story.
The Independant critical film review. 2 DVD. Kombination Research, 2010.

When You're Strange.
« A film about the Doors ». Réalisation : Tom DiCillo. Sortie États-Unis : avril 2010. Sortie France : 9 juin 2010. Voix-off : Johnny Depp. Durée : 90'. Wolf Films / Strange Pictures. Livret 128 pages + DVD, préface de Philippe Manœuvre, éditions Marque-page, MK2 / FNAC, 2010.

Mr. Mojo Risin' ; The Story of L.A. Woman.
Durée : 103' Eagle Vision, février 2012.

DOCUMENTAIRES POUR LA TÉLÉVISION

Le Mystère Morrison.
Rockumentaire de Brenda Jackson et Philippe Manœuvre. Durée : 90'. Diffusé sur Canal+ à 13 h 30, le 1er mai 1991.

Le Monde tout de suite.
Documentaire de Pascal Mercier, M6, 2004.

Les Derniers jours de Jim Morrison.
De Michaëlle Gagnet, Sunset Presse, coproduction 17 juin et Media Serial Producteurs, avec la participation de France 2, 2006.

Jim Morrison, His Final Hours / Final 24
De Michael Allcock et Michael McNamara. Voix-off de Danny Wallace. Durée : 60'. Cinéflix, Canada, 2010.

BIBLIOGRAPHIE

ŒUVRES DE JIM MORRISON
(en langue anglaise)

The Lords. Notes On Vision, auto-édition à 100 exemplaires, Western Lithographers, Los Angeles, printemps 1969.

The New Creatures, auto-édition à 100 exemplaires, Western Lithographers, Los Angeles, printemps 1969.

The Lords and The New Creatures, Simon & Schuster, New York, mai 1970. Édition de poche : Touchstone Book, 1971.

An American Prayer, auto-édition à 500 exemplaires, Western Lithographers, Los Angeles, été 1970.

Wilderness : The Lost Writings of Jim Morrison, vol. 1, Villard, New York, 1988 ; Vintage Books, 1989.

The American Night : The Writings of Jim Morrison, vol. 2, Vintage Books, New York, 1990.

Rareté à signaler

Dry Water, édition à 110 exemplaires. Cinquante exemplaires comportent la reproduction d'un texte manuscrit de l'auteur et celle d'un dessin représentant l'auteur. Ce livre comprend le texte « The Eye ». Imprimé à Montréal, « État du Québec ».

ŒUVRES DE JIM MORRISON
(en langue française)

Traductions d'Yves Buin, Richelle Dassin, Hervé Muller, Sabine Prudent, Werner Reimann & Patricia Devaux.

Seigneurs et Nouvelles Créatures, préface d'André Velter, Christian Bourgois éditeur, 1976 ; 10/18, n° 1219, 1998.
Une prière américaine et autres écrits, préface d'Hervé Muller, Christian Bourgois éditeur, 1978 ; 10/18, n° 1714, 1988.
Arden lointain, préface de Sabine Prudent et Werner Reimann, Christian Bourgois éditeur, 1988 ; 10/18, n° 2306, 1992.
Wilderness, préface de Patricia Devaux, Christian Bourgois éditeur, 1991 (et 2010, coll. « Titres ») ; 10/18, n° 2273, 1992.
La Nuit américaine, préface de Patricia Devaux, Christian Bourgois éditeur, 1992 (et 2010, coll. « Titres ») ; 10/18, n° 2526, 2002.
Écrits, préface de Patricia Devaux, Christian Bourgois éditeur, 1992.

SUR JIM MORRISON
(ouvrages traduits et éditions originales en langue française)

BERNETT Sam, *The End*, Privé, 2007.
BERNETT Sam, *Rock and Roll Circus*, Le Rocher, 2010.
BERNETT Sam et GESSAT Jean-Marie, *Jim Morrison, ailleurs*, bande dessinée, Roymodus, 2011.
BERNETT Sam, *Jim Morrison*, Le Rocher, 2011.
BERTOCCHINI Frédéric et JEFF, *Jim Morrison, poète du chaos*, bande dessinée, Emmanuel Proust éditions, 2010.
BIANCIOTTO Jordi, *Jim Morrison*, La Mascara, 2000.
BLAY Arturo, *Jim Morrison et les Doors : enfer et gloire du roi Lézard*, La Mascara, 1998.
BUTLER Patricia, *La Tragique Romance de Pamela et Jim Morrison*, préface de Jerry Hopkins, Le Castor Astral, 2001.

COLLECTIF, *The Doors : 23 nouvelles aux portes du noir*, Jean-Noël Levavasseur (éd.), Buchet-Chastel, 2012.

CRISAFULLI Chuck, *L'Intégrale Doors : les secrets de toutes leurs chansons*, Hors Collection, 2001.

DAUPHIN Christophe, *James Douglas Morrison ou La Nuit du lézard*, L'Acanthe, 2001.

DAVIS Stephen, *Jim Morrison : vie, mort, légende*, Flammarion, 2005.

DENSMORE John, *Les Cavaliers de l'orage, ma vie avec Jim Morrison et les Doors*, Camion Blanc, 2005.

DEVAUX Patricia, *Jim Morrison, Stoned Immaculate, A Graveyard Poem*, photographies, autoédition, vol. 1, 1987 ; vol. 2, 2007.

DILTZ Henry, *Jim Morrison & the Doors*, Premium, 2011.

DREIER Daniel (éd.) et SAHIHI Arman, *Jim Morrison, The Scream of the Butterfly / Le Cri du papillon*, Schirmel-Mosel, 1996.

FARIS Gerald et FARIS Ralph, *Janis Joplin et Jim Morrison face au gouffre*, Le Castor Astral, 2007.

FOWLIE Wallace, *Rimbaud et Jim Morrison, portrait du poète en rebelle*, Hors Commerce, 2007.

GAËT's, PETIT Olivier, RENAULT Christophe et al., *The Doors en bande dessinée*, Fetjaine, 2011.

GUIBERT Simon, *Les Dernières heures de Jim Morrison*, E-dite, 2005.

GUILLEMINOT Hervé, *The Doors*, coll. « Music Book », Prélude et Fugue, 1998.

HENKE James, *Jim Morrison, de l'autre côté*, scrapbook, avec 30 pochettes de fac-similés, Naïve, 2007.

HOPKINS Jerry et SUGERMAN Daniel, *Personne ne sortira d'ici vivant*, Christian Bourgois, 1981 ; Julliard, 1991 ; 10/18, n° 2241, 1991 ; Presses Pocket, n° 4044, 1992 ; préface de Michael McClure, Robert Laffont, « Pavillons Poche », 2007.

HOPKINS Jerry, *Jim Morrison, le roi lézard*, 10/18, n° 2528, 1994.

LAPORTE Christian, *Épilogue reptilien*, poèmes, auto-édition, 1982.

LAURU Didier, *Jim Morrison, l'état limite du héros*, coll. « Légendes », Bayard, 2003.

LETOURNEUR Stéphane, *Jim Morrison, funambule rock*, Oskar, 2011.

LEYDET Bruno, *Jim Morrison is Alive and Well and Living in Ibiza*, roman, L'Écailler du Sud, 2007.

LEWIS Jon E., *Le Mythe de Jim Morrison*, Gremese, 1997.

LISCIANDRO Frank, *Morrison, un festin entre amis*, Le Castor Astral, 1996.

LISCIANDRO Frank, *James Douglas Morrison*, Le Castor Astral, 2005.

MANZAREK Ray, *Les Doors, la véritable histoire*, Hors Collection, 1999.

MATOVINA Vieran, *Jim, les autres... et moi*, bande dessinée, Night & Day, 1988.

MATTHEWS Jacob Thomas, *Communication d'une star, Jim Morrison*, préface de Gilles Yéprémian, L'Harmattan, 2003.

McNEIL Leg et McCAIN Gillian, *Please Kill Me*, Allia, 2006.

MULLER Hervé, *Jim Morrison au-delà des Doors*, Albin Michel / Rock & Folk, 1973.

MULLER Hervé, *Jim Morrison mort ou vif*, Ramsay, 1991.

MURPHY Elliott James, *Le lion dort ce soir / The Lion Sleeps Tonight*, récit, édition bilingue, Librairie Joseph Gibert, 1991.

OGOUZ Jean-Noël, *Les Doors, la vraie histoire*, Fetjaine, 2011.

RENARD Romain, *The End, Jim Morrison*, bande dessinée, coll. « Rebelles », Casterman, 2007.

REUZEAU Jean-Yves, *Jim Morrison ou les Portes de la perception*, récit, préface de Michka Assayas, L'Incertain, 1993 ; Le Castor Astral, 1998 et 2012.

REUZEAU Jean-Yves, *Jim Morrison et les Doors, la vie en accéléré*, coll. « Librio Musique », J'ai lu, 2001 et 2005.

REUZEAU Jean-Yves, *Jim Morrison*, coll. « Folio Biographies », Gallimard, 2012.

ROUS Jean-Marie, *Jim Morrison le lézard*, biographie onirique, Renaudot et Cie, 1990 ; Le Rocher, 1992.

RULHMANN William, *Les Doors*, Hors Collection, 1994 ; rééd. Presses de la Cité, 2004.

SHINER Lewis, *Fugues*, roman, coll. « Lunes d'encre », Denoël, 2000.
SIMPSON Tracey, *Le Dernier Poème du dernier poète. La poésie de Jim Morrison*, essai, Bernard Grasset / Le Monde de l'Éducation, 1998.
TÉTREAU François, *Attentats à la pudeur*, roman, Le Castor Astral & Trois, 1993.
VALLS DE GOMIS Estelle, *Horizon Motel*, poèmes et photos, Le Calepin Jaune, 2002.
WILL Philippe, *Dealer ou la Valse des maudits*, roman, Volum, 2011.

CHEZ LE MÊME ÉDITEUR

La Tragique Romance de Pamela et Jim Morrison
de Patricia Butler
préface de Jerry Hopkins
traduit de l'américain par Emmanuel Dazin
155 x 230 – 44 photos N & B
Cahier photos couleur – 288 p. – 20 €

CHEZ LE MÊME ÉDITEUR

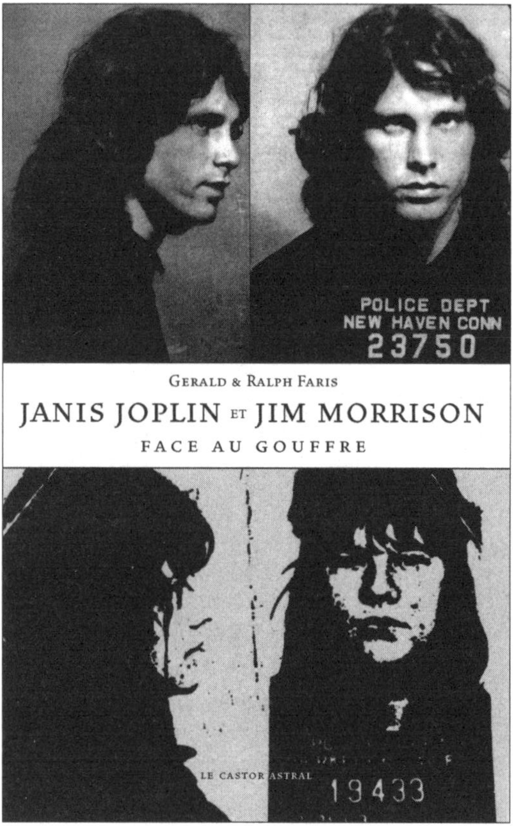

Janis Joplin et Jim Morrison face au gouffre
de Gerald et Ralph Faris
traduit de l'américain par François Tétreau
150 x 230 – 240 p. – 19 €

CHEZ LE MÊME ÉDITEUR

Morrison, un festin entre amis

de Frank Lisciandro

traduit de l'américain par François Tétreau

album 215 x 270 – 140 photographies N & B et couleur

176 p. – 22 €

TABLE

Cet ouvrage
a été reproduit et achevé d'imprimer
le 3 octobre 2012
par l'Imprimerie France Quercy
à Mercuès.
Composition et mise en page
Ateliers Graphiques de l'Ardoisière
à Bègles

Dépôt légal : octobre 2012
Imprimé en France